Jan Werner / Helmut Jahn

Ostseehäfen
aus der Luft

Ostseehäfen aus der Luft

Fotos:
Helmut Jahn

Konzeption, Text
und Zeichnungen:
Jan Werner

Nord-Ostsee-Kanal
Kieler Förde
Eckernförder Bucht
Schlei
Flensburger Förde
Fehmarn mit
Hohwachter Bucht
Lübecker Bucht
Trave

Delius Klasing Verlag

Inhaltsverzeichnis

Einleitung

Wochenende, Kaffeefahrten – Boote tummeln sich zu Hunderten an schönen Sommertagen auf der Ostsee. Mancher ist nur eben „vor der Haustür" unterwegs, doch viele nehmen einen weiten Weg in Kauf für einen Ferientörn in diesem abwechslungsreichen Revier. Ihnen allen soll unser Buch ein guter Wegbegleiter sein.

Deutsche Ostseehäfen von Flensburg bis Lübeck stellen wir aus einer recht ungewohnten Perspektive vor; in Luftaufnahmen, verbunden mit plastischen Schilderungen aus Gegenwart und Vergangenheit. Die zauberhaft schönen Reviere der Ostseeförden erleben Sie, Steilufer und Knicklandschaft, weiße Schlösser und bunte Regattafelder, wuchtige Bauten der Vergangenheit und Ferienzentren unserer Tage. Die besten Kurse zu großen Marinas, verträumten Häfen und einsamen Liegeplätzen werden hier geschildert.

Über der Ostsee gibt es nicht nur hohen blauen Himmel mit aufgetupften weißen Wölkchen und strahlendem Sonnenschein – auch Starkwind, düstere Wolken, kabbelige See und eine unangenehme Dünung werden zu Ihren Törnerlebnissen gehören, von eisigem Regen ganz zu schweigen. Das aber gibt Ihnen Gelegenheit, mit diesem Buch im Bücherschapp selbst jene Tage lohnend zu verbringen, die Sie unerwartet eingeweht im fremden Hafen bleiben müssen.

Auch dem ortsvertrauten Skipper wird hier Altbekanntes in neuem Licht geboten, mit Blick in die Geschichte und neuesten Sachinformationen über Routen, Versorgung und Liegeplätze. Eine Fundgrube für den, der das Revier erstmals erkunden möchte, und eine bereichernde Ergänzung zu Navigationsunterlagen und Logbuch für den, dem die Ostsee Heimatrevier ist.

Der Verlag

Die Kieler Förde, Mekka der Regattasegler. Jedes Jahr gegen Ende Juni treffen sich hier mehr als 1000 Jollen und Kielboote zur „Kieler Woche". Zweimal, 1936 und 1972, war die Förde auch schon Austragungsort der olympischen Segelwettbewerbe.

Kieler Förde und Eckernförder Bucht

1

SEGLERS TRAUM

1 *Am Nord-Ostsee-Kanal auf Höhe km 40. Hier zweigt der Gieselau-Kanal ab, der weiter zur Eider führt. Vor der Schleuse, am West-ufer, sehr ruhige idyllisch gelegene Plätze.*

2 *Rendsburg, Nord-Ostsee-Kanal, km 65. Im Obereiderhafen findet man geschützte, stadt-nahe Liegeplätze mit guten Versor-gungsmöglich-keiten.*

3 *Die Schleusen von Kiel-Holtenau, wo der Nord-Ost-see-Kanal in die Kieler Förde mün-det. Die Boote laufen in die Neue Schleuse ein, rechts davon die kleinere Alte Schleuse.*

4 *Kiel-Holtenau. Die Bootsstege am Nordufer. Ein sehr guter, ruhiger Platz.*

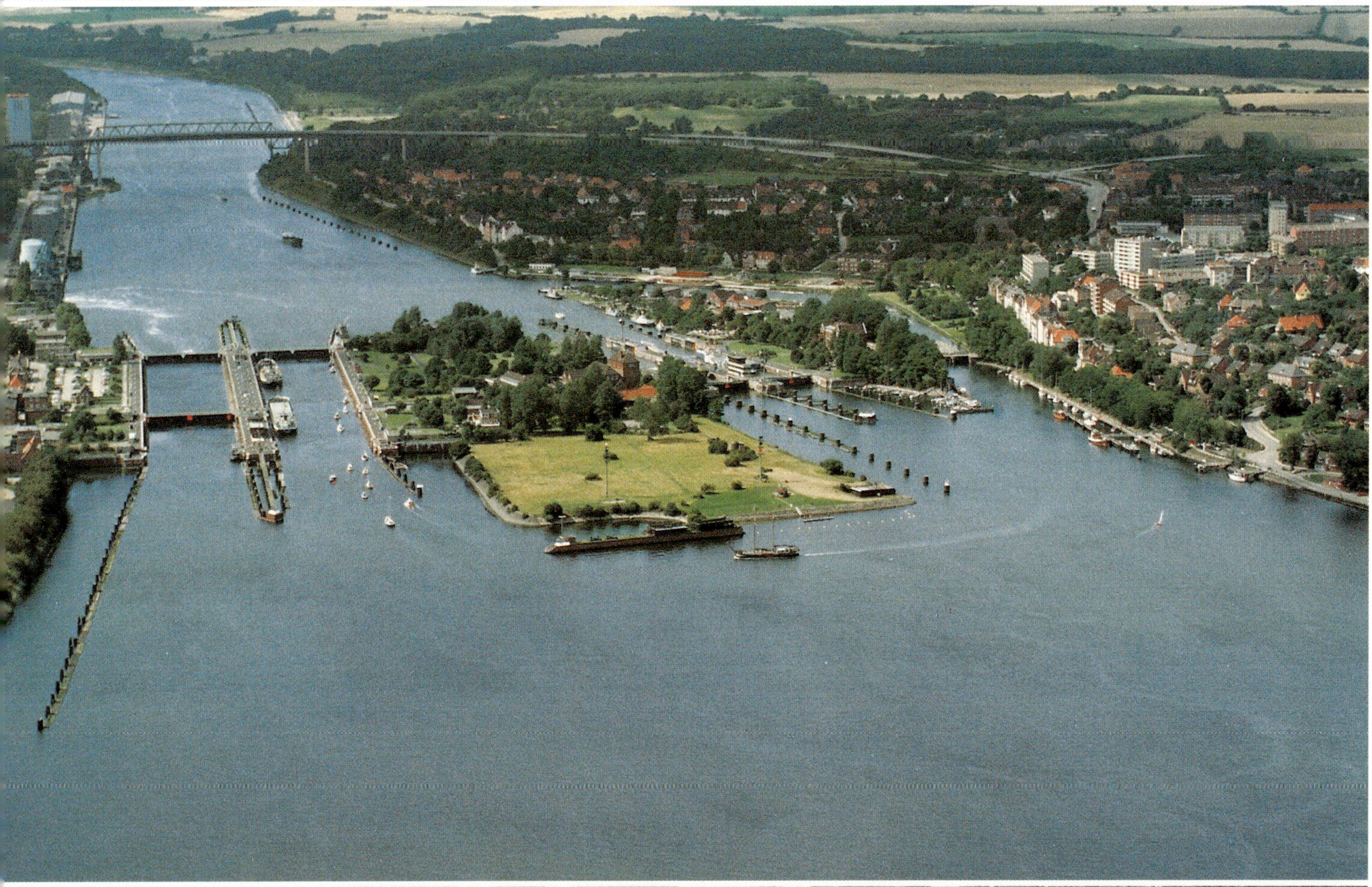

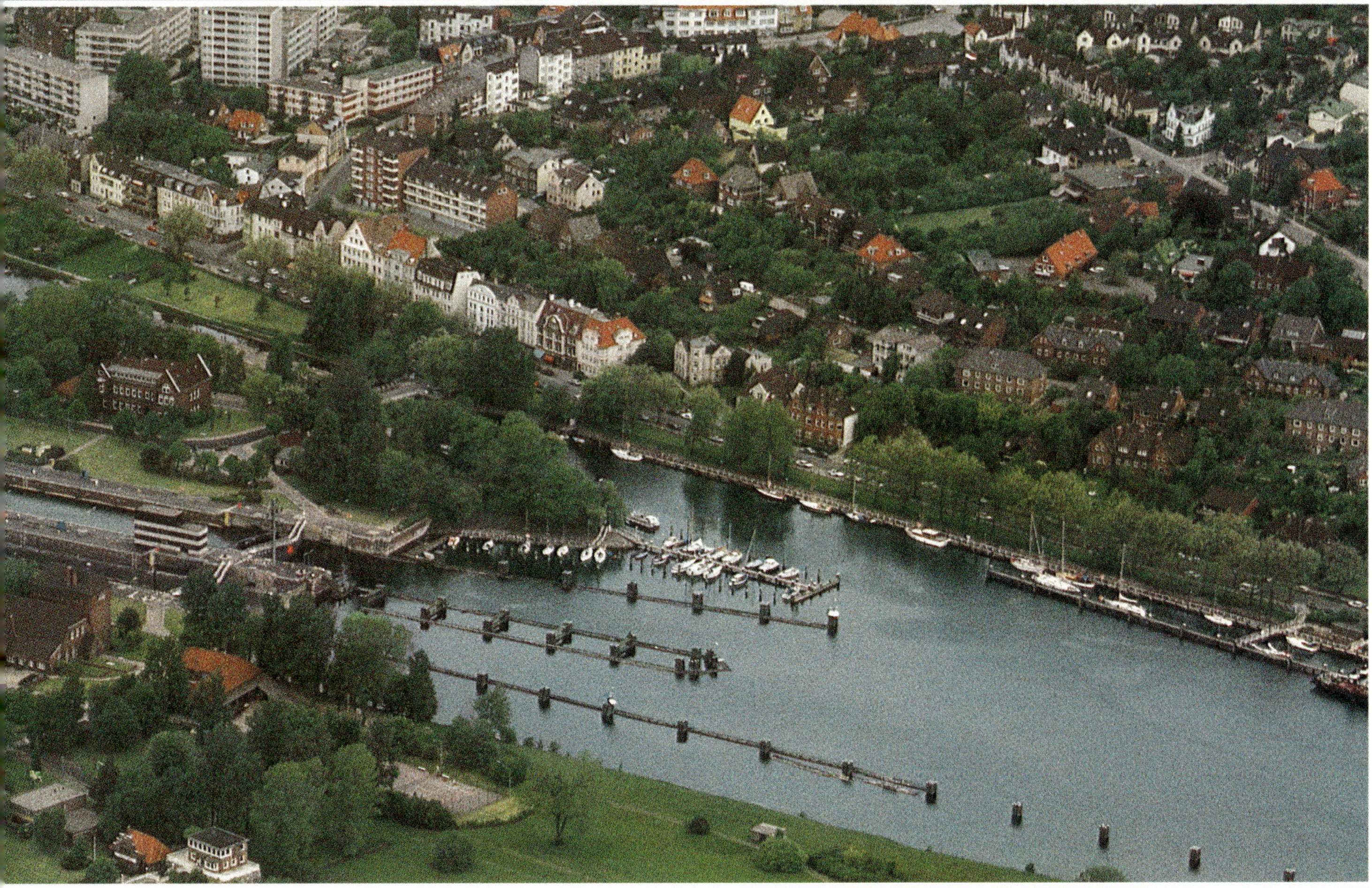

1 *Kiel-Wik. Kleiner Boots-hafen am Westufer der Förde.*

2 *Gegenüber: das am Ost-ufer gelegene Mönkeberg, ein eher einfacher Hafen. Im Hintergrund die Schleusen von Holtenau.*

3 *Blick auf Kiel. Vorne Düsternbrook, der Olympia-hafen von 1936. Es ist der der Stadt am nächsten gelegene Bootshafen. Gäste sollten in das zweite Becken von rechts fahren.*

1 *Möltenort, zur Hälfte Fischer-, zur Hälfte Yachthafen. Gute Motorenwerkstatt im Fischerhafen am Fuß der Zwischenmole.*

2 *Laboe. Viel Betrieb, aber nicht ohne Atmosphäre. Den rechts gelegenen Fischerhafen sollten Yachten nicht anlaufen. Gute Versorgung.*

3 *Das Marineehrenmal Laboe. Eindrucksvolles Bauwerk an der Außenförde und eine weithin sichtbare, unverwechselbare Landmarke.*

4 *Der am Westufer, gegenüber von Laboe gelegene Hafen von Stickenhörn. Von Holtenau aus nur einen Katzensprung entfernt.*

1 *Der Leuchtturm Friedrichs-ort. Hier wird die Förde ziemlich schmal.*

2 *Schilksee, der Olympia-hafen von 1972. Sehr groß, viel Beton, aber auch perfekt.*

3 *Strande, ein gemütlicher, schon etwas älterer Boots-hafen, nahe Schilksee. Gute Versorgung.*

Die Kieler Förde in ihrer ganzen Pracht. Rechts vorne Möltenort. Dahinter Laboe. Und in der Mitte die Friedrichsorter Enge mit dem gleichnamigen Leuchtturm.

1 Der Stadthafen von Eckernförde, in dem man zwar geschützt, aber wegen des Straßenverkehrs nicht gerade ruhig liegt. Das Holzbrückchen kann geöffnet werden.

2 Blick über den Yachthafen von Eckernförde auf die Stadt.

3 Um Bülk herum geht es Richtung Eckernförder Bucht.

1 Partie am Nordufer der Eckernförder Bucht.
2 Damp 2000. In jeder Beziehung
gigantisch. Urlaubszentrum mit
sehr gutem Hafen. Jede Menge
Urlaubsspaß. Zollabfertigung.
Im Hintergrund ist die Schlei mit
Maasholm zu erkennen.

Unser erster Ostsee-Törn führt uns zur Kieler Förde — vielleicht durch den Nord-Ostsee-Kanal. Neun Bootshäfen gibt es an der Förde, darunter die beiden ehemaligen Olympiahäfen Düsternbrook (1936) und Schilksee (1972). Jeden Sommer, gegen Ende Juni, wird die Kieler Förde zum Mekka der Regattasegler. Dann blähen sich tausende weißer und bunter Segel über der Ostsee: Kieler Woche! Wenn wir beim Leuchtturm Bülk „um die Ecke" fahren, dann laufen wir direkt in die große Eckernförder Bucht hinein, wo am Ende die gleichnamige Stadt liegt: ein recht ansehnliches altes Handelsstädtchen. Auf unserem weiteren Weg nordwärts steuern wir Damp 2000 an, ein aus dem Boden gestampftes, kolossales Ferienzentrum. Wer Spaß an Urlaubstrubel findet, der wird hier gerne etwas länger bleiben.

Obwohl der

Nord-Ostsee-Kanal

für ganz andere Zwecke gebaut wurde, ist er ein wahrer Segen für uns Segler (und Motorbootfahrer natürlich auch). Gäbe es ihn nicht, würden die meisten nie zur Ostsee oder umgekehrt zur Nordsee kommen; der Weg um Jütland und Skagen herum, oder selbst durch den Limfjord, wäre für die paar Urlaubswochen viel zu weit. So aber kann man auf dem 98,7 km langen Kanal, wenn man nur ein wenig aufs Tempo drückt, an einem Tag von einem Meer zum anderen fahren (siehe auch Band „Nordsee".

Die Idee, einen Kanal durch die Cimbrische Halbinsel zu graben, ist recht alt. Schon 1571 wandte sich Herzog Adolf I. von Schleswig-Holstein-Gottorf an den deutschen Kaiser Maximilian mit einem derartigen Vorschlag; war doch der Weg um Jütland nicht nur weit, sondern auch gefährlich.

Jahr für Jahr gingen an der jütländischen Westküste und im Skagerrak viele Schiffe mit wertvollen Ladungen verloren. Außerdem war die Fahrt „obenherum" auch noch teuer, denn die Dänen schröpften die Handelsschiffe mit dem Sundzoll, den jedes Schiff vor Helsingör zu entrichten hatte, ganz gewaltig. So ist es erstaunlich, daß ausgerechnet die Dänen es waren, die einen ersten Kanal zwischen Ost- und Nordsee anlegten, den Eiderkanal, der von Holtenau aus, wo man noch Spuren sehen kann, zur Eider führte. Doch dieser zwischen 1777 und 1784 gebaute Kanal taugte bald für die immer größer werdenden Schiffe nicht, so daß die wieder den umständlichen, vor allem aber gefährlichen Weg um Jütland nehmen mußten, auf einer Route, auf der einer dänischen Chronik zufolge in den Jahren 1858 bis 1885 91 Dampfer und 2742 (!) Segelschiffe verlorengingen.

Daß statt des kleinen Eiderkanals eine große Wasserstraße her mußte, lag auf der Hand. Doch diese Pläne wä-

ren wohl selbst im 19. Jahrhundert nicht so schnell realisiert worden, wenn nicht militärische Überlegungen ins Spiel gekommen wären. Das junge deutsche Kaiserreich glaubte sich nur mit einer mächtigen Kriegsflotte Weltgeltung verschaffen zu können, und die mußte sowohl in der Ostsee gegen Rußland als auch in der Nordsee gegen England einsatzbereit sein. Es lag also nahe, einen Kanal zu bauen, der durch eigenes und deshalb geschütztes Territorium führte und durch den man die Flotte notfalls schnell verlegen konnte.

1886 drückte Bismarck ein entsprechendes Gesetz durch, und nachdem auch mit 156 Millionen Reichsmark das nötige Kapital zur Verfügung stand, ging es bald los: Am 3. Juni 1887 wurde in Kiel-Holtenau der Grundstein zur ersten Schleuse gelegt. Acht Jahre später konnte der Kanal, der den Namen Kaiser-Wilhelm-Kanal erhielt, eröffnet werden. Er gehört bis heute mit dem Suez-Kanal und dem Panama-Kanal zu den größten Kanälen der Welt. Nach 1918 erhielt er den Namen Nord-Ostsee-Kanal, wird dessenungeachtet von Ausländern beharrlich *Kiel Canal* genannt.

Im Schnitt befinden sich heutzutage 80 große Schiffe gleichzeitig im Kanal. Für sie alle herrscht Lotsenpflicht, denn es ist ungemein schwer, die Schiffe in dem relativ engen und flachen Kanal zu steuern, und ein Festkommen würde den ganzen Verkehr blockieren. Damit dieser enorme Verkehr flüssig gehalten werden kann, gibt es an den beiden Endpunkten, in Brunsbüttel und in Holtenau, sogenannte Verkehrslenkungsstellen, die jedes Schiff auf seiner Fahrt durch den Kanal überwachen und dabei unterstützt werden von den Kontrollstellen an den Weichen, die die Schiffe per Telefon weitermelden.

Am Kanal muß ständig gebaggert werden, denn die großen Schiffe wirbeln unglaubliche Mengen von Sand an der Kanalsohle auf: während einer Fahrt bis zu 100 000 Tonnen! Verursacht wird das vor

allem durch den Rückstrom. Die Schiffe schieben eine Wasserberg vor sich her, de an den Seiten mit beträchtl cher Geschwindigkeit nac achtern abläuft und dabei de Grund aufwühlt.

Verläßt man in

Kiel-Holtenau

den Kanal durch die schön Alte Schleuse, so brauch man sich nur nach links, zur Nordufer zu wenden, um e nen ganz vorzüglichen Liege platz zu finden: einen seh langen Holzsteg, der rech idyllisch unter einer Akazier allee liegt. Ein gemütliche und wenn man den (mäßigen Schwell der großen Dampfe einmal außer acht läßt, auch ruhiger Platz. Will man rasc weiter in die Ostsee, dann is er der beste an der Kiele Förde überhaupt, zumal auch die Versorgungsmöglichke ten recht gut sind. Es gibt Was ser, Duschen und WC (Schlüs sel am Eingang zur Schleus gegen Pfand), und an der lan gen Kaje am Schleusenvor hafen auch einen Schiffsaus rüster, bei dem man sogar vo einem Tankboot Diesel bun kern kann. Und will man nac Kiel, so kommt man mit den Bus, der direkt vor unseren Steiger hält, bequem und rasch in die Stadt.

Die etwa neun Seemeiler tief ins Land einschneidende

Kieler Förde

stellt Bootsfahrer vor keine besonderen Probleme: Sie is — für Sportboote jedenfalls — sehr tief und als wichtige Was serstraße auch gut betonnt, sc daß einen die paar Flachs, wie etwa der Laboer Sand, wenig zu bekümmern brauchen wenn man nur sauber nach Tonnen fährt.

Kritisch ist eigentlich nu der zeitweise sehr starke Schiffsverkehr, und da wie derum am meisten in de *Friedrichsorter Enge,* wo das Fahrwasser nur noch zirka 500 Meter breit ist.

Die Ansteuerung der Kie ler Förde von See her ist vor allem wegen des *Leuchtturms*

Kiel, eines runden, rotweißen Turms, der auf einem mächtigen Betonsockel steht, nicht schwierig, auch nachts nicht, dank seiner weißen, grünen und roten Sektoren, obwohl danach die vielen Feuer in der Förde für einen Revierfremden etwas verwirrend sind.

Obwohl ziemlich dicht bebaut, ist die Kieler Förde landschaftlich noch immer sehr schön mit ihren hohen, buchenbewachsenen Ufern

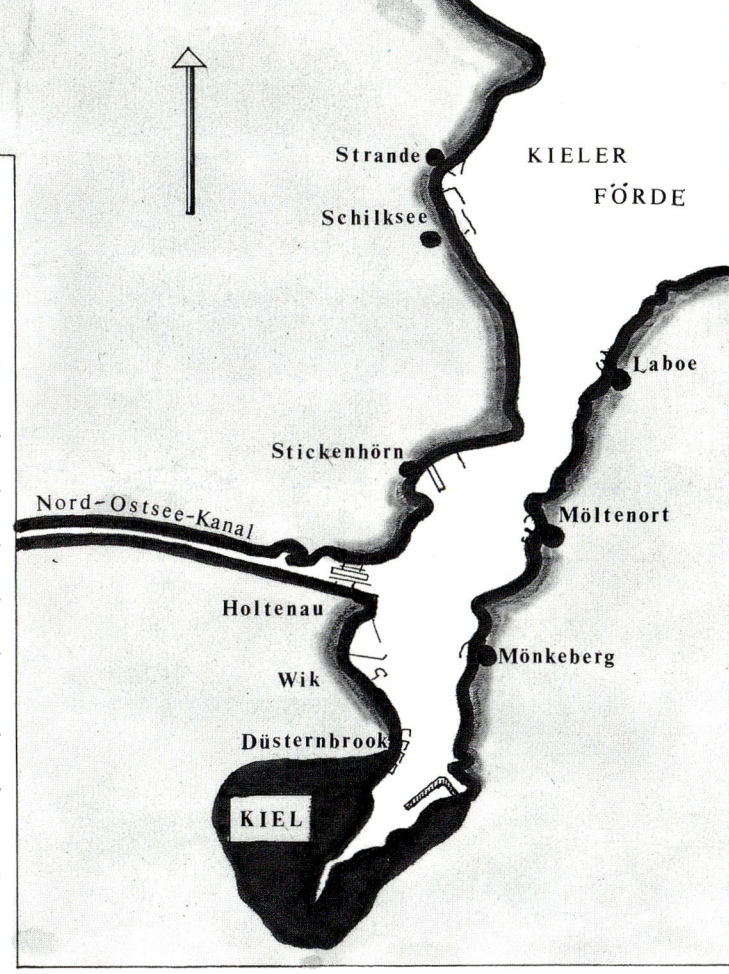

und ihren sandigen, weitausschwingenden Buchten: ein malerisches Revier, besonders im Sommer, mit den unzähligen Segelbooten und flinken Motoryachten, den weißen Fördedampfern, die von Ufer zu Ufer laufen, und den großen Frachtern, die majestätisch und unbeirrbar dahinziehen.

Mit ihren neun Bootshäfen hat die Förde eine Unmenge von Liegeplätzen, und dennoch wird es manchmal nicht leicht sein, einen zu finden.

Kieler Woche

Einmal im Jahr, in der letzten Juni-Woche, wird die Kieler Förde zum Mekka der Regattasegler. „The world's biggest sailing races", wie selbst die Briten, immerhin die Erfinder des Wettsegelns, zugeben müssen: mit bis zu 1300

Jollen und Kielbooten, die in den verschiedensten Klassen um die beste Plazierung in der „Kieler Woche" kämpfen. Das alles hat Tradition.

1887 fand in der Innenförde die erste Regatta statt, im gleichen Jahr, in dem der Marine Regatta Verein (MRV) gegründet worden war. Gewiß kein Zufall: Im selben Sommer hatte man auch mit dem Bau des Kaiser-Wilhelm-Kanals begonnen. 1891 erhielt der exklusive MRV den Namen Kaiserlicher Yacht-Club, abgekürzt KYC; obwohl das „Kaiserliche" später verschwand, blieb das Kürzel „KYC", sprich „Küz" erhalten, nur daß es jetzt *Kieler* Yacht-Club bedeutet.

Kaiser Wilhelm II. nahm mit seiner Yacht „Meteor" an den Kieler Wochen teil, und diese blieben bis heute auch ein gesellschaftliches Ereignis ersten Ranges, das in der Regel vom Bundespräsidenten mit seiner Anwesenheit beehrt wird.

Die Regattabahnen Alpha, Bravo und Charlie, auf denen auf den olympischen Dreieckskursen um Silber gekämpft wird, liegen längst außerhalb der engen Förde, draußen vor Bülk und Wendtorf. Die Kieler Woche ist aber nicht nur ein großes internationales Sportereignis, in diesen Tagen ist in der Stadt Kiel auch eine ganze Menge los, und in den Musiknächten auf dem Hafenvorplatz verliert dann sogar so mancher s-teife Kieler seine norddeutsche Zurückhaltung.

Fährt man von Holtenau aus in die Innenförde, so passiert man erst den großen *Tirpitzhafen* mit den grauen Kolossen der Bundesmarine und anschließend den kleinen Bootshafen *Wik*, der aber für einen Aufenthalt weniger in Frage kommt. Besser ist es, weiter Richtung Stadt zu fahren und sich dann einen Platz im Yachthafen

Düsternbrook

zu suchen, der 1936 als Olympiahafen gebaut wurde und von allen Bootshäfen am günstigsten zur Stadt liegt, obwohl das eigentlich kein Argument ist, denn von allen anderen erreicht man die Stadt auch sehr schön mit den Fördedampfern. Düsternbrook ist ein an sich sehr guter Hafen, an dem nur die direkt vorbeiführende Autostraße stört, an der wiederum das feine Clubhaus des „KYC" liegt und daneben das Haus des Weltwirtschaftsarchivs, eines renommierten Forschungsinstituts. Der Hafen hat vier voneinander getrennte Bekken; Gäste fahren am besten in das Becken 3 und legen sich an den mittleren Steg, unterhalb des Hafenmeisterbüros, längsseits. Es gibt Wasser, Strom und im Clubhaus die üblichen sanitären Einrichtungen. Im Becken 4 ist meistens die blaßgrüne „Germania VI" vertäut, die ehemalige Krupp-Yacht.

Das Beste an Düsternbrook: Man hat zur Stadt nicht weit, wenn man auf der

schönen Fördepromenade entlangspaziert. An der Blücherbrücke hat manchmal das Segelschulschiff „Gorch Fock" festgemacht. Hier liegt wohl das attraktivste Viertel von Kiel, mit dem Landeshaus, den Ministerien, den Parkanlagen und der alten Universität.

Kiel,

mit 270 000 Einwohnern eine mittlere Großstadt, ist Landeshauptstadt von Schleswig-Holstein. Sie macht einen recht modernen, „jungen" Eindruck, obwohl sie eine mehr als 700jährige Vergangenheit hat. Ihre größte Attraktion: zweifellos die Förde mit dem Hafen.

Die beste Art nach Kiel zu kommen ist deshalb auf dem Wasser, da zeigt die Stadt dem Besucher ihr schönstes, ihr Sonntagsgesicht.

Kiel ist zwar schon 1242 gegründet worden, als „Stad tom Kyle", konnte aber nicht die Bedeutung des nördlicher gelegenen Flensburg oder gar des südlicheren Lübeck, der Königin der Hanse, erreichen. Was hier zu geschehen hatte, wurde immer anderswo bestimmt, erst im Schloß Gottorf bei Schleswig, dann in den Kanzleien von Kopenhafen, und ganz zum Schluß im preußischen Berlin. In jener Zeit allerdings nahm die Stadt dann auch einen steilen Aufschwung: 1864, nach dem deutsch-dänischen Krieg, fiel sie zusammen mit Holstein an Preußen und wurde schon im Jahr darauf zum preußischen Flottenstützpunkt erhoben — was sich anbot, denn die Förde war der beste natürliche Tiefwasserhafen an der Ostsee. Mit der Gründung des Deutschen Reiches wurde Kiel 1871 zum Reichskriegshafen, und diese Entscheidung hat das Schicksal der Stadt mehr als alles andere bestimmt. Nun wurde die Flottenbasis angelegt, Werften entstanden, ebenso wie andere Industrie, und der Kaiser-Wilhelm-Kanal lenkte auch den zivilen Seeverkehr in die Förde und nach Kiel. Die Einwohnerzahl schnellte binnen weniger Jahrzehnte

von 32 000 auf 212 000 hoch. Doch ausgerechnet des Ka[i]sers liebstes Kind, seine Ma[ri]ne, löste den Sturz der Mo[n]archie in Deutschland aus. Als 1918 die Matrosen in Kie[l] meuterten und sich mit de[n] ausgehungerten Werftarbei[ter]tern solidarisierten, da wa[r] die Nachricht von diesem re[volutionären Vorgang das aus[lösende Moment für die Aus[rufung der Republik in Ber[lin. Matrosen aus Kiel ware[n] es auch, die später die jung[e] Republik in Berlin gegen pu[t]schendes Militär verteidige[n] halfen.

Im Zweiten Weltkrieg erlit[t] Kiel verheerende Zerstörun[gen, 80 Prozent der Stadt fie[len Bomben zum Opfer. Alt[e] Viertel, romantische Ecke[n] sucht man deshalb vergebens[nur die Nikolai-Kirche und die Reste des Franziskane[r] Klosters sind noch schwach[e] Erinnerungen an die alt[e] Stadt. Kiel ist dann wiede[r] aufgebaut worden, großzüg[i]g gewiß, aber eigentlich nich[t] viel anders als andere Städt[e] im Nachkriegsdeutschlan[d] auch. Es gibt dennoch viele[die das moderne Kiel schöne[r] finden als das Kiel de[r] Gründerzeit.

Was man sich ansehe[n] sollte: Das Schiffahrtsmu[seum in der ehemaligen Fisch[halle am Hafen, den Oslokai[von dem Fährschiffe nach[Skandinavien ablegen, und dann auch die renommierte[Kieler Kunsthalle mit Gemäl[den aus dem 17. bis 20. Jah[r]hundert.

Das gegenüberliegende[Ufer, das Ostufer, wird gan[z] beherrscht von den gewalti[gen Anlagen der Howaldts[werke Deutsche Werft AG[, immer noch eine der bedeu[tendsten Werften der Welt.

Ob, und wenn ja, welche[n] Hafen in der Kieler Förd[e] man noch anlaufen will, häng[t] wohl zuallererst davon ab[, was man vorhat; allen gleic[h] ist, daß man mit dem Förd[e]dampfer auf einer schöne[n] Fahrt nach Kiel komme[n] kann. Der am Ostufer gele[gene Hafen von

Mönkeberg

ist von recht einfacher Art[

Auffallend das Türmchen mit dem roten Dach, das an der Quermole steht. Dort hat der Hafenmeister sein Büro. Der Hafen liegt ziemlich exponiert, die Versorgung ist eher mäßig.

Möltenort,

ebenfalls am Ostufer gelegen, ist sowohl Fischer- wie Yachthafen. Die Versorgung ist beträchtlich besser als in Mönkeberg; hervorzuheben ist eine sehr gute Motorenwerkstatt.

Man kann von hier aus sehr schön, und fast immer am Wasser entlang, einen Spaziergang nach Laboe machen, kommt dabei am U-Boot-Ehenmal vorbei, durchwandert Parks und spaziert an schönen Badestränden entlang.

Laboe

hat gleich Möltenort einen Yacht- und einen Fischerhafen, den Sportboote allerdings nicht anlaufen dürfen. Die Versorgung ist ebenfalls sehr gut; es gibt zwei Bootswerften, dann die Schiffswerft Laboe, in dem Appartementhaus findet man einen Zubehörladen und ein Restaurant. Laboe ist lebendiger als Möltenort, aber auch unruhiger.

Ob man nun zu Fuß hierherkam oder mit dem Boot, man darf keinesfalls einen Besuch des *Marineehrenmals Laboe*, des wohl auffallendsten Bauwerks an der Förde, auslassen: ein 85 Meter hoher Turm, in der Form eines Wikingerschiffsstevens. Dieses monumentale, aus dunkelbraunem Backstein gemauerte Bauwerk ist in den Jahren 1927 bis 1936 entstanden und nebenbei auch eine unverwechselbare Landmarke, schon von weit draußen auf See auszumachen, eine Gedenkstätte für die auf See gebliebenen Marinesoldaten, aber auch ein Museum der Kaiserlichen und der späteren Reichsmarine. Man kann sich — wie immer man zu solchen Erinnerungen stehen mag — dem Bann dieses Bauwerks, besonders aber der unter der Erde gelegenen Weihehalle

nur schwer entziehen. Unten am Strand steht aufgebockt ein U-Boot aus dem Zweiten Weltkrieg, jene Waffe, die in der Marine nicht nur am wirkungsvollsten war, sondern auch die schwersten Menschenverluste hinnehmen mußte.

Das mit seinen Hochhäusern sehr auffallend in der breiten *Strander Bucht* gelegene Olympiazentrum

Schilksee

ist wohl einen Besuch wert, eine Anlage, die für die Segelolympiade 1972 ohne Rücksicht auf Kosten — damals mußte der Staat noch nicht so aufs Geld schauen — aus dem Boden gestampft wurde. Viel Beton, dann die Terrassenhäuser — eine riesige Anlage, die außerhalb der Saison und während mancher Woche in der Vor- und Nachsaison etwas öde daliegt. Höhepunkt des Jahres ist die Kieler Woche; dann herrscht auch hier ein ungemein buntes, lebendiges Treiben.

Gäste fahren am besten in den Nordhafen und auf das futuristische Treppengebäude zu, wo im Sommer 1972 die olympische Flamme brannte und wo jetzt der Hafenmeister sein Büro hat; er wird einem einen Platz zuweisen.

Die Versorgung ist recht gut, außer dem Üblichen und Restaurants gibt es sogar eine Schwimmhalle.

Im Vergleich dazu ist das nahegelegene

Strande

ein geradezu altmodischer, dafür aber gemütlicher Hafen. Auffallend die großen Bootshallen des KYC. Gleich an der Einfahrt auf einem Ponton das Hafenbüro mit Tankstelle, die man leicht anfahren kann. Der KYC hat hier ein Clubhaus. Die Versorgung ist gut. Gegenüber ein recht ordentliches Restaurant.

Strande ist Seebad mit Sandstrand; ein Hafen, in dem man sich wohlfühlen kann, was ich von Schilksee

nicht so ohne weiteres behaupten möchte.

Wer durch den Nord-Ostsee-Kanal aus der Nordsee gekommen ist, der wird etwa querab des *Leuchtturm Bülk* das erstemal den Bug hinaus in die *Ostsee* richten. Das Seegebiet vor uns heißt

Kieler Bucht

und reicht ostwärts bis zu einer Linie von Fehmarn bis hinauf zu der dänischen Insel Alsen. Hört man den Wetterbericht, dann muß man besonders aufpassen, was über das Vorhersagegebiet „Westliche Ostsee" gemeldet wird, denn hier befinden wir uns nun.

Daß die Ostsee ein sehr viel „leichteres" Revier als die Nordsee ist, werden nicht einmal eingefleischte Ostsee-Fans bestreiten wollen. Das Revier ist, besonders in seinem westlichen Teil, unvergleichlich kleinräumiger und deshalb auch viel geschützter, eine Tatsache, die dennoch niemanden zu leichtsinnigem Handeln verführen sollte. Vor Bornholm etwa ist die Ostsee natürlich ganz anders, dort kann man unter Umständen einen Seegang zum Fürchten erleben, aber das ist ja nicht Thema dieses Buches.

Hört man regelmäßig den Wetterbericht, so wird man feststellen, daß bei den vorherrschenden westlichen Winden die Windstärke meist um ein Beaufort niedriger ist als an der Nordsee. Laut Seehandbuch liegen in den Monaten Mai bis September im Durchschnitt die Windstärken zwischen Bft 3 (schwach) und Bft 4 (mäßig). Bis auf den Mai, da Winde aus NE vorherrschen, hat man es fast immer mit Winden aus westlichen Richtungen zu tun. Die Wellenhöhe ist mit höchstens 0,5 m entsprechend, wenn es sich auch um die typische kurze, steile und deshalb unangenehme Ostseewelle handelt. Diese Gewässer sind eben nicht sehr tief, nur eine „überschwemmte Wiese", wie die Einheimischen gern mit liebevollem Spott ihr heimatliches Revier nennen.

Daß es in der Ostsee keinen Tidenhub gäbe, ist eine weitverbreitete, jedoch falsche Meinung: Er ist nur mit 10 bis 20 cm sehr gering, vergleicht man ihn mit dem zum Teil gewaltigen Tidenhub in der Deutschen Bucht, etwa mit den vier Metern in der Jade. Wasserstandsveränderungen von erheblichen Ausmaßen verursacht hier der Wind, der das Wasser nach Osten (oder Westen) drückt und den Wasserstand dabei um bis zu einem Meter senken kann, bis dann später das Wasser wieder zurückschwingt und der Wasserspiegel entsprechend steigt. Die ganz starken Strömungen findet man in den Meerengen, vor allem im Kleinen und im Großen Belt, aber auch im Fehmarnsund. Ansonsten ist der Strom wenig relevant; in der Eckernförder Bucht beispielsweise erreicht er selbst bei Starkwind nicht mehr als 1 sm/h.

Navigation ist in deutschen Ostseerevieren ebenfalls leichter als in der Nordsee. Zumeist ist es Küstenfahrt. Gute Sicht vorausgesetzt, ist ein gutes Fernglas zweifellos die beste Navigationshilfe.

Unser Kurs soll aus der Kieler Förde jetzt nordwärts gehen, zu den drei anderen Förden an der schleswig-holsteinischen Ostküste.

Man sollte zunächst die s.g.s. *Tonne Kleverberg O* anliegen, die gut 1,5 Seemeilen östlich des *Leuchtturms Bülk* ausliegt. Danach laufen wir mit Kurs NW, immer in etwa auf der 10-m-Linie, auf die *Stollergrund-Rinne* zu, und zwar auf das Tonnentor Grün 1 und Rot 2, und danach weiter mit Kurs W hinein in die

Eckernförder Bucht,

die breit und tief ist und keine natürlichen Hindernisse aufweist, aber solche, die der Mensch geschaffen hat. Wirft man einen Blick auf die Seekarte, dann fallen einem zwei kleinere Sperr- und ein großes Warngebiet auf, alle rot-gestrichelt umrandet. Die *Sperrgebiete* darf man grundsätzlich nicht befahren. Das gilt für das am Südufer gelegene *Surendorf* ebenso wie für das

Sperrgebiet *G 3* im Norden, vor *Bokniseck*.

Anders ist es bei dem schmalen, sich durch die ganze Eckernförder Bucht erstreckenden *Warngebiet*, bei dem es sich um ein Torpedoschießgebiet der Bundesmarine handelt. Dieses zu befahren ist nur verboten, wenn die entsprechenden Signale gezeigt werden:

---

am Tag zwei Kegel, Spitze nach unten, über einem Ball, alles schwarz;

---

bei Nacht zwei Festfeuer weiß über einem Festfeuer grün.

Die Signale werden gezeigt auf dem Schießstand am Scheitel der Bucht, wo man sie einlaufend meist nicht ausmachen kann, dazu aber auch auf Sicherungsfahrzeugen, die eingangs der Bucht kreuzen. Sind diese Warnsignale gesetzt, darf man keinesfalls das mit einer ganzen Reihe gelber Tonnen markierte Warngebiet, das jetzt zum Sperrgebiet geworden ist, befahren.

In der Eckernförder Bucht sieht man sehr schön die für diesen Teil der Küste typischen Steilufer, gelbbraune Lehmabbrüche, über denen zumeist mächtige Buchenwälder stehen. Die See wühlt ständig an diesen Abbrüchen und läßt immer wieder Erde ins Meer abrutschen, die dann bis auf die großen Steine, die davor im flachen Wasser liegen bleiben, weggespült wird.

Von dem Städtchen

Eckernförde

tauchen zuallererst die gewaltigen Silos auf, die es zu erdrücken scheinen. Später erkennt man dann auch die merkwürdig geformten Gebäude des Torpedoschießstandes südlich der Stadt.

Wo macht man am besten fest? Am Nordufer, gleich hinter einem Marinehafen, liegt landschaftlich sehr schön der *Yachthafen* des Segelclubs Eckernförde, ein guter Hafen, mit ordentlicher Versorgung. Die Ansteuerung ist nicht be-

tonnt, was aber weiter nich[t] schadet, denn die Wassertiefe reicht allemal. Man sollte zunächst am Kopf des mittlere[n] Steges festmachen und sich einen Platz vom Hafenmeister zuweisen lassen. Westlich vom Hafen liegen viele Boote vor Mooring; für den, der ein Dingi hat, ein brauchbarer, allerdings wenig geschützte[r] Ankerplatz. Der Weg zu[r] Stadt ist etwas weit, aber entlang dem Wasser und auf de[r] parkartigen Uferpromenad[e] doch recht hübsch.

Die andere Möglichkei[t] wäre im *Stadthafen*, wo ma[n] am besten durch das beweg[liche] Holzbrückchen in de[n] hintersten und deshalb sehr geschützten Teil des Hafen[s] fährt. Schlecht sind hier die sanitären Verhältnisse, dafü[r] aber gibt es eine Motoren[werkstatt] und die kleine Siegfried-Werft mit ihrem Schlipp. Das Hafenbüro befindet sich an der Südkaje, noch vor de[n] Silos. Man wird in Eckern[förde] immer einen Liegeplatz finden, außer vielleicht i[m] Juni, wenn hier etwa hunder[t] Dickschiffe liegen, die zum Auftakt der Kieler Woche di[e] Eckernförde-Regatta segeln auch „Aalregatta" genannt weil jedes Boot, das i[n] Eckernförde ankommt, eine[n] geräucherten Aal erhält.

Eckernförde ist eine Kreis[stadt] von etwa 23 000 Einwoh[nern,] in der sehr stark de[r] Einfluß der Bundesmarine spürbar ist. Die Stadt hat im[mer] noch eine ansehnliche Fi[scherflotte,] was man auch a[n] den vielen Fischgeschäfte[n] und -restaurants merkt.

Die Stadt wurde 1197 erst[mals] urkundlich erwähnt. Z[u] Wohlstand ist sie in der Ve[r]gangenheit durch den Fisch[fang,] aber auch durch den Ge[treide-] (Silos!) und Weinhan[del] gekommen. Im Kern, u[m] den Marktplatz herum, ha[t] sie sich mit dem Rathaus, de[r] Nikolai-Kirche und de[r] schmalen Giebelhäusern eine schöne Atmosphäre bewah[ren können.

Wer im Yachthafen liegt hat es nicht weit zu der sehr al[ten,] um 1200 errichteten Feld[steinkirche] von Borby. Da[ß] man an der Uferpromenad[e] einem Standbild des Große[n] Kurfürsten begegnet, ma[g] inem etwas seltsam vorkommen: Es stand ursprünglich in der ostpreußischen Hafenstadt Pillau und ist eine Erinerung an den großen Flüchtlingsstrom aus dem Osten.

Auf unserem Weg nordwärts bleiben wir am besten in Sichtweite des schönen, bewaldeten Nordufers der Eckernförder Bucht, an dessem Ausgang wir die *gelben Tonnen M3, M2 und M1* passieren, die exakt zwei *Meß(see)meilen* markieren, eine feine Gelegenheit, einmal die Genauigkeit unseres Sumlogs nachzuprüfen.

Dicht nördlich von M1 liegt das kleine *Sperrgebiet G3*, das mit rot-gelben Tonnen markiert ist, aber ausnahmsweise nicht militärischen, sondern wissenschaftlichen Zwecken dient.

Ansonsten wimmelt es hier von militärischen Gebieten. Nicht nur in der Eckernförder Bucht gibt es welche, auch davor das *U-Boot-Übungsgebiet* und weiter nördlich dann das *Sperrgebiet Schönhagen*.

Der weiße Koloß von

Damp 2000

ist die alles beherrschende Landmarke zwischen der Eckernförder Bucht und der Schlei. Ich muß gestehen, daß mir dieses aus dem Boden gestampfte Seebad recht gut gefällt, jedenfalls besser als die meisten anderen Bettenburgen, die man überall an den Strand der Ostsee gepflanzt hat. Vor allem: Damp 2000 hat einen guten Yachthafen. Die Ansteuerung ist leicht. Man hält sich nahe am Ufer, etwa eine halbe Seemeile entfernt, und läuft den Hafen an, sobald man die Einfahrt, die sich nach Südost öffnet, querab hat. Der Hafen hat im nördlichen Teil Gästeplätze. Man kann aber auch in jeder Box festmachen, wo ein grünes Schild hängt.

Hotels und Apartmenthäuser umgeben das Hafenbecken wie ein mächtiger hoher Burgwall. Man liegt also außerordentlich geschützt. Der Hafenmeister sitzt in dem pyramidenförmigen Gebäude an der Ostkaje, wo auch der Zoll sein Büro hat. Man kann

hier Treibstoff bunkern und notfalls mit einem 15-t-Kran sein Boot aus dem Wasser nehmen lassen. Über Duschen und WC braucht man nicht weiter zu reden, das ist selbstverständlich, ebenso wie ein Hallenschwimmbad und der feine, gelbe Strand.

Was den Reiz des Hafens ausmacht: Er wirkt sehr intim und dicht. Halbkreisförmig ziehen sich Läden, Boutiquen und Restaurants um das Becken; man befindet sich im Zentrum eines wohlorganisierten Urlaubstrubels, ob man es will oder nicht. Wer nur seine Ruhe haben will, für den ist Damp 2000 vielleicht nicht das Richtige, wer aber mal etwas Abwechslung sucht — und die gibt es hier in jeder nur denkbaren Art —, der sollte ruhig dorthin fahren.

Die nun folgende Geschichte paßt nicht so recht zu der fröhlichen Atmosphäre von Damp 2000; sie sei aber doch erzählt, denn auch sie gehört hierher.

Am Strand, hinter dem Hafenmeisterbüro, steht halb in den Sand eingegraben der ausgediente Dampfer „Albatros"; er war eines jener 790 Schiffe, die in den letzten Kriegsmonaten eine unglaubliche Zahl von Flüchtlingen aus den Ostgebieten nach Schleswig-Holstein schafften. Obwohl damals niemand genau Buch geführt hat, rechnet man, daß auf diesem Treck über die Ostsee zwei Millionen Menschen vor den nachrückenden Russen gerettet werden konnten. Angefangen hatte es schon im Spätsommer 1944, als die ersten Flüchtlinge aus dem Baltikum kamen. Im gleichen Maße, wie die Front nach Westen rückte, folgten Ostpreußen, Pommern, Schlesier und zuletzt Flüchtlinge aus dem benachbarten Mecklenburg. Alles, was nur irgendwie schwamm, wurde für den Flüchtlingstransport eingesetzt, Frachter, Fischkutter, Fähren, Oder- und Weichselkähne, aber auch Schnellboote und sogar U-Boote der Kriegsmarine. Es gibt nicht wenige, die diese Rettungsaktion für die größte Leistung der alten Kriegsmarine halten.

Nautische Unterlagen: Hat man den Satz „Sportschiffahrtskarten, Kieler Bucht/Rund Fünen", so kommt man gut mit der Karte S 2, „Kieler Förde", aus. Im Maßstab größer ist die Karte Nr. 34 des DHI, „Häfen von Kiel", die allerdings nur die Innenförde bringt. Man benötigt dazu noch die Karte Nr. 30 D, „Kieler Bucht", die man allerdings auch dann brauchen kann, wenn man nordwärts zur Flensburger Förde oder südwärts nach Fehmarn will. Aus dem Sportschiffahrtskartensatz ist das Pendant dazu die Karte S 1, „Kieler Bucht". Diese reicht gut für das Revier der Eckernförder Bucht. Leuchtfeuerverzeichnis Nr. 2101, Teil II, „Ostsee, SW-licher Teil und Gewässer zwischen Ost- und Nordsee".

*Auf dieser tief ins Land hinein-
greifenden Meeresbucht fuhren vor mehr als 1000 Jahren
die Schiffe der Wikinger nach
Haithabu, dem damals bedeu-
tendsten Handelsplatz an der
Ostsee. Auf der bewaldeten
Halbinsel (rechts) stand im
Mittelalter eine in ihren Ausmaßen gewaltige Königsburg.
Zwischen der Halbinsel und
dem Inselchen Kieholm kann
man gut ankern. Im Hintergrund Lindaunis.*

2

Die Schlei

AUF DEN SPUREN DER WIKINGER

1 Schleimünde. Die Einsteuerung in die Schlei. Der
kleine Hafen hat Charakter,
aber wenig Platz. Weithin
sichtbar das weiße Lotsenhaus.

2 Hafen der Werft Modersitzki an der Westseite von
Maasholm (siehe auch 3).

3 Maasholm. Der neue
Yachthafen ist scheinbar
größer als das ganze Dorf.

1 *Schon nahe Kappeln: der Hafen der Werft Henningsen & Steckmest; dahinter die einfache Steganlage von Johannes Ancker.*

2 *Kappeln. Schön gelegenes, altes Städtchen an der Schlei. Die Drehbrücke wird nur zu jeder vollen Stunde geöffnet. Das merkwürdige Gebilde rechts von der Brücke ist ein Heringszaun, von dessen Art es früher viele an der Schlei gab.*

3 *Trotz Eisenbahn und Fabrik liegt man an den Stegen des Arnisser Segelclubs ruhig und gut, und vor allem: Kappeln ist sehr nahe.*

1 Arnis, angeblich die kleinste Stadt Deutschlands, liegt ungemein malerisch auf einer Halbinsel in der Schlei.

2 In einer ruhigen Bucht der Yachthafen der Wassersportgemeinschaft Arnis.

3 Sieseby, ein besonders schönes Dorf nahe Lindaunis. Nicht immer gibt die Seekarte über die Wassertiefe präzise Auskunft. Hier am Kopf des Stegs ca. 2 m.

1 Missunde, einer der schönsten Plätze an der Schlei. Links die Marina Brodersby, oben das Fährhaus mit seinen Stegen.

2 Die Brücke von Lindaunis öffnet zu jeder halben Stunde, aber nicht, wenn ein Zug erwartet wird. Vorne der kleine, ziemlich exponierte Yachthafen Nißhaken.

3 Daß es hier ganz schön weht, läßt sich nicht übersehen. Aber während es auf der Großen Breite ziemlich unangenehm sein dürfte, wird man in der Missunder Enge kaum etwas davon merken.

1 *Die Große Breite und dahinter die Missunder Enge. Unten, in der Mitte, liegt die Schrader Marina, ein guter Versorgungshafen; und links davon spitzt aus dem Wald gerade noch der kleine Hafen von Borgwedel hervor.*
2 *Fahrdorf, ein kleiner, adretter Hafen im Weichbild von Schleswig.*

3 *Altstadt von Schleswig, Fischersiedlung Holm, dazwischen der alte Stadthafen.*
4 *Fischersiedlung Holm und Adeliges Johanneskloster.*
5 *Wiking Haddeby, kleiner, schmucker Hafen gegenüber von Schleswig, nahe dem alten Haithabu.*
6 *Der alte Yachthafen von Schleswig am Luisenbad.*

6

1 Das Land beherrschend, der Dom zu Schleswig. Auf der Grasinsel Möwenberg lag einst die Jürgensburg, erster Sitz der Schleswiger Herzöge.

2 Der Yachthafen Wiking: gut geschützte Plätze, gute Versorgung. Über den Wohnturm gehen die Meinungen sehr auseinander. In dem mächtigen, braunen Gebäude dahinter hatte bis 1945 die Provinzialregierung ihren Sitz. Rechts davon das weiße Gottorfer Schloß, einst Residenz der Schleswiger Herzöge; jetzt sind hier die Landesmuseen untergebracht.

3 Schleimünde. Abschied von der Schlei.

Die Schlei — welch ein Revier! Vielleicht nicht ganz das Richtige für Meilenfresser und Regattafreaks, aber ideal für den, der es liebt, ohne Hast durch eine idyllische Wasserlandschaft zu schippern. Es gibt Häfen und Liegeplätze jede Menge, angefangen von großen Yachthäfen, über kleine Stadthäfen bis hin zu winzigen Brücken, die irgendwo versteckt an einsamen Buchten liegen. Über lange Strecken ein Revier, das einem Fluß gleicht, so schmal windet sich die Schlei dahin. Eine geschichtsträchtige Landschaft. Hier lag einst Haithabu, ein bedeutender Handelsplatz der Wikinger, von dem man inzwischen dank der Arbeit der Archäologen sehr viel weiß (und sehen kann). Dann Schleswig, eine Schicksalsstadt des Nordens, die Residenz der Gottorfer Herzöge, mit einem gotischen Dom, dessen hoher Turm weithin sichtbar ist.

Auf unserem Weg zur *Schlei* hält man sich am besten weiterhin parallel zum Ufer, in einer Entfernung von etwa einer halben Seemeile. Man bleibt so gut frei von dem großen *Sperrgebiet Schönhagen* (gelb-rote Tonnen) und dem westlich davon gelegenen kleineren *Zielgebiet* (gelbe Tonnen), braucht aber nicht erschrecken, wenn sich aus dem Himmel jaulend ein Düsenjäger herunterstürzt: er meint nicht uns.

Mit dem *Marinehafen Olpenitz,* den man natürlich nicht anlaufen darf, passieren wir nun die zunächst letzte dieser militärischen Einrichtungen.

Hat es während unserer Fahrt entlang der Küste kräftig aus West geweht, so werden wir das wegen des Landschutzes kaum gemerkt haben; aber nun, da wir durch

Schleimünde

in das breite, offene Haff der äußeren Schlei einbiegen, wird es uns gewaltig packen, und wer etwa auf die Idee kommen sollte, die enge Einfahrt aufzukreuzen, der wird sein blaues Wunder erleben, denn bei einem kräftigen West setzt einem hier ein Strom von 4 sm/h entgegen, und auch bei Ost steht hier eine grobe See, wenn es nur einigermaßen bläst.

Doch der Reihe nach: Auffallendste Landmarke von Schleimünde ist das schneeweiße Lotsenhaus, das nahe der Mündung auf der flachen Nehrung steht. Die Einfahrt wird von zwei Steinmolen begrenzt, von denen die nördliche 270 m lang ist und die südliche 120. Auf dem Kopf der Nordmole steht der etwas „pummelige", 14 m hohe *Leuchtturm Schleimünde* (weiß mit schwarzem Band, Blk. (3) w/r.-20s) und auf der Südmole außen eine rote Stangenbake mit Zylinder als Toppzeichen. Der Abstand zwischen den beiden Molen beträgt etwa 100 m, befahrbar sind davon bestenfalls 60 m, was nicht viel ist, wenn einem der Butterdampfer aus Maasholm entgegenkommt und vielleicht auch noch ein Fischkutter.

Der an der Nordseite der Einfahrt gelegene

Hafen Schleimünde

ist in erster Linie ein Schutzhafen, mit wenig Platz. Vorne kann man mit einer Wassertiefe von 3 m rechnen, die jedoch nach hinten zu rasch abnimmt. Mit dem Boot ist es (fast) die einzige Möglichkeit, zur Nehrung und zur Lotseninsel zu kommen, denn das ganze Gebiet darf als Vogelschutzgebiet (eigentlich) nicht betreten werden.

Die Versorgung ist angesichts der Umstände gar nicht so schlecht: Es gibt Wasser, WC, Duschen, und in der berühmt-berüchtigten „Giftbude" bekommt man nicht nur flüssigen, sondern auch anderen Proviant.

Die Nehrung an der Schleimündung ist, wie in anderen Revieren der Ostsee auch, aus Sandriffs entstanden. An der Nordsee würde man Barre dazu sagen. Diese Riffs bauten sich im Laufe der Zeit langsam zu Strandwällen auf; auf ihnen siedelten sich bald Strandpflanzen an, die das junge Land so stabilisierten, daß endlich die Nehrungen entstanden, die manchmal ganze Buchten abschließen, manchmal sie auch nur wie ein Haken umgreifen, wie etwa in Heiligenhafen.

Die ursprüngliche Mündung der Schlei lag nördlicher als die heutige. Im Mittelalter wurde sie zum Schutz vor feindlichen Angriffen gesperrt und versandete im Laufe der Jahre so sehr, daß sie nicht einmal mehr von flachgehenden Booten passiert werden konnte. Erst 1796 durchstachen Schleifischer die Nehrung an der heutigen Stelle. Dieses Fahrwasser wurde 1842 verbreitert und auch mit Steinmolen geschützt, und zwar so, wie es im wesentlichen heute noch ist.

Die Schlei

Es gibt vier große, für die Ostküste Schleswig-Holsteins typische Förden: die *Schlei,* die Kieler- und die Flensbur-

ger Förde sowie die Eckernförder Bucht. Alle vier sin[d] Geschöpfe der Eiszeit, Über[bleibsel] von Gletscherzun[gen], die einst weit ins Lan[d] hineingriffen und mehr ode[r] minder tiefe Sohlen ausge[schliffen] hatten. Doch dam[it] hören auch schon die Gemein[samkeiten] auf.

Die Schlei ist im Gegensat[z] zu den anderen Reviere[n] nicht sehr tief und, auch an[ders] als die anderen, nich[t] sehr breit. Über weite Strec[ken] gleicht sie einem schma[len] Flußtal, das sich durch di[e] hügelige Landschaft winde[t]. Nur an wenigen Stellen, a[n] den Breiten und am Mün[dungshaff], weitet sie sich e[t]was. Genau besehen ist si[e] also gar keine richtige Mee[resbucht] von der sonst so typ[ischen] trichterförmigen G[estalt] und auch ohne natürlich[e] Verbindung zum offene[n] Meer.

Eine Versandung wie an de[r] Schleimündung wäre bei de[n] anderen Förden gar nich[t] möglich; dafür sind dere[n] Mündungen zu breit und vo[r] allem viel zu tief. Ohne de[n] künstlichen Durchstich be[i] Schleimünde wäre die Schle[i] ein reines Binnengewässe[r]. Halbwegs ist sie das woh[l] schon, was man auch an ihre[m] Wasser feststellen kann: Nu[r] bis Lindaunis ist es reine[s] Salzwasser, danach mischt e[s] sich mit Süßwasser zu Brack[wasser], so daß in der Schlei so[wohl] Salz- als auch Süßwasse[r]fische vorkommen.

Die Schlei mißt von ihre[r] Mündung bis zum Scheitel 2[?] Seemeilen; ihre Hauptrich[tung] verläuft von Nordos[t] nach Südwest. Die Wasse[r]tiefe beträgt fast überall gu[t] drei Meter. Das Hauptfah[r]wasser ist betonnt, aber nu[r] von Schleimünde bis Kappel[n] befeuert.

Der Strom folgt dem Wind[,] obwohl das zumeist schmal[e] Gewässer recht gut geschütz[t] ist, kann das Aufkreuze[n] gegen einen starken West z[u] einer ziemlichen Quälere[i] werden. Das Revier ist vo[r] allem für kleinere Boot[e] ideal, landschaftlich ungeme[in] schön, zum größten Teil auc[h] idyllisch, mit vielen guten Hä[fen] und einer ganzen Meng[e] kleinerer Liegeplätze dazu.

Findet man — was wahrscheinlich ist — in *Schleimünde* keinen Platz zum Festmachen, dann sollte man schnurstracks die zwei Seemeilen nach *Maasholm* laufen. Die enge Rinne ist gut bekannt und führt durch ein breites, seichtes Haff. Bei der *grünen Tonne 17/Maasholm* angekommen, dreht man im überall tiefen Wasser einfach auf den Hafen zu, und zwar am besten gleich auf den Yachthafen.

Maasholm,

das auf einer Halbinsel mitten im Haff liegt, hat drei Häfen: den alten Fischerhafen, in den Boote nur dann dürfen, wenn der zweite, der Yachthafen, voll ist, und den an der Westseite des Dorfes am seichten Wormshöfter Nor gelegenen Werfthafen Modersitzki.

Am besten für unsere Zwecke ist zweifellos der große Bootshafen der Yachthafengemeinschaft Maasholm, in dem man gut und ruhig zwischen Pfahl und Steg liegt. Die Versorgung ist recht ordentlich, nur der unglücklicherweise direkt daneben gebaute große Parkplatz stört beträchtlich. Sollte man eine Reparatur auszuführen haben, so müßte man zu dem Werfthafen Modersitzki, der mit allem gut ausgerüstet ist. Diesel kann man im Fischerhafen bunkern, aber nur montags bis freitags.

Das Fischerdorf Maasholm liegt sehr schön auf einer etwas ansteigenden Halbinsel

mitten im flachen Haff: ein ruhiger, allerdings den Winden der Ostsee sehr ausgesetzter kleiner Ort.

Der Fischerhafen ist noch voll in Betrieb: Hier liegen die weißen Kutter mit dem Kennzeichen „Maa", es riecht nach Dieselöl und nach Fisch. Aber wie lange wird das noch so sein? Seitdem die Anrainerstaaten der Ostsee ihre Fischereigrenzen immer weiter ausgedehnt haben, bleibt für die deutschen Fischer kaum mehr Raum. Die Tagesfischer haben dadurch die Hälfte ihrer Fanggründe verloren, die Fernfischer gar 80 Prozent. Am meisten profitiert haben Schweden, Polen und die Sowjetunion. Früher reichte die Grenze nur drei Meilen weit seewärts; das war gerade soviel, wie man mit den alten Kanonen schießen konnte, aber jetzt sind die Grenzen bis zu 200 Meilen weit hinausgeschoben. Daran müssen sich die Fischer halten, der Fisch tut's nicht, er kann sich freuen, wenn seine Verfolger

abdrehen müsen, weil sie die unsichtbare Grenze zu überlaufen drohen, denn tun sie's nicht, drohen ihnen Beschlagnahme des Schiffs, hohe Geldstrafen und manchmal sogar Gefängnis.

Wer ein Ohr für Dialekte hat, dem wird auffallen, daß im Platt der Maasholmer manchmal ein anderer Ton mitschwingt: Wenn man einen Satzfetzen hört wie „eim Stückje Späck und eim Quartje Schnaaps", dann klingt das sehr ostpreußisch, was es auch ist: Die meisten Fischer an der Ostseeküste stammen heute nämlich aus Ostpreußen oder aus Pommern; sie alle kamen mit dem großen Flüchtlingstreck im Frühjahr 1945 hierher.

Wanderung zum Vogelparadies

Wer nicht mit dem Boot in Schleimünde unterkommen konnte, der kann auch zu Fuß hinwandern, allerdings nicht

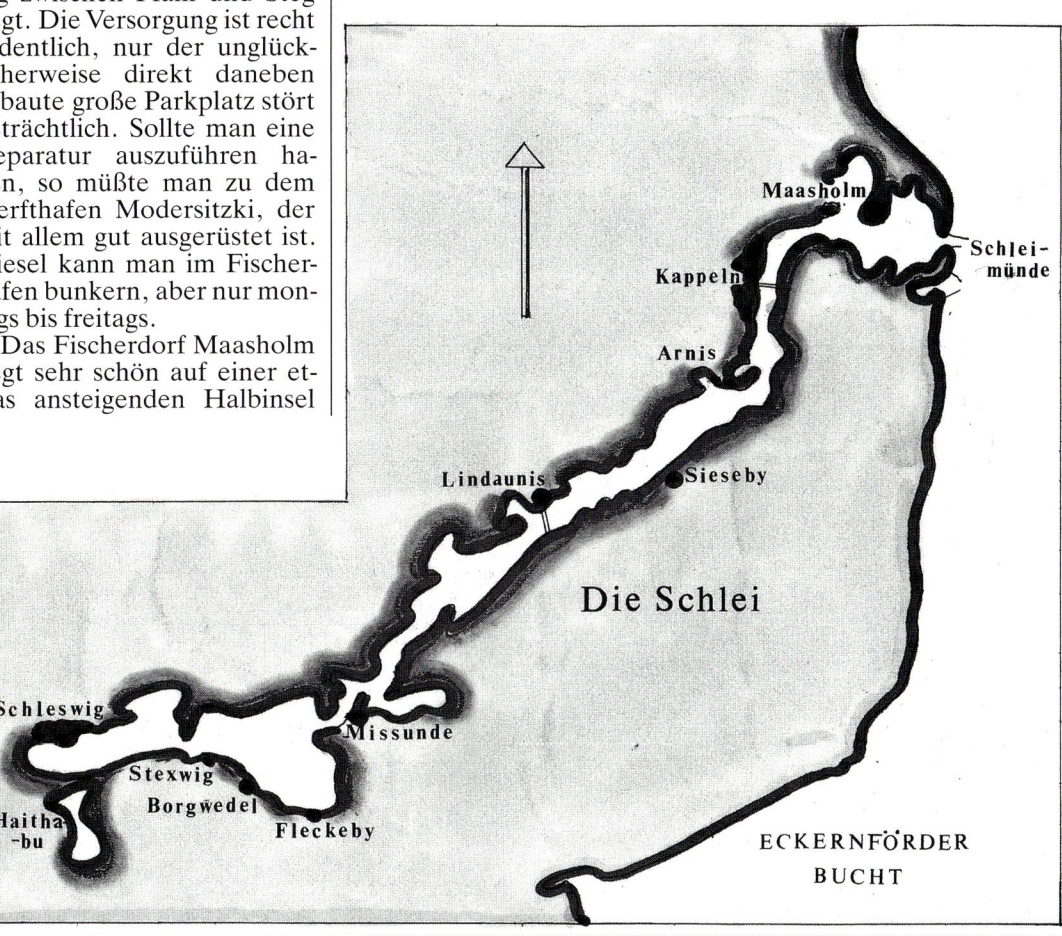

allein, das wäre verboten, sondern mit dem Vogelwart, der bei gutem Wetter jeden Tag um 10 Uhr morgens eine Führung macht.

Auf dem 250 Hektar großen Naturschutzgebiet „Vogelfreistätte Oehe-Schleimünde" brüten 20 bis 30 Vogelarten und ziehen dort ihre Jungen auf.

Hat man *Wormshöfter* und *Olpenitzer Noor*, die westlichen Ausläufer des Haffs, gequert, so rücken die von mächtigen Bäumen bewachsenen Ufer unmittelbar zusammen, und die Schlei zwängt sich zwischen ziemlich hohen Steilufern hindurch. Das Fahrwasser des *Rabelsund* ist zwar sehr tief, der Landgrund steigt aber auch steil an, so daß man sich gut mittig und an den Tonnen halten muß. — Voraus liegt jetzt

Kappeln,

ein Landstädtchen mit etwa 11 000 Einwohnern, viele von ihnen Angehörige der in Olpenitz stationierten Soldaten der Bundesmarine. Der Ort liegt recht ansehnlich auf einem steil ansteigenden Hügel über der Schlei; sein Name stammt wohl von einer mittelalterlichen Kapelle, die auf dem Platz stand, an dem sich jetzt eine schöne, auch innen reich ausgestattete spätbarocke Kirche erhebt.

Kappeln war einst, begünstigt durch seine Lage, ein blühender Handels- und Fischerhafen. Im 18. Jahrhundert soll die Handelsflotte 50 Schiffe gezählt haben, von denen einige sogar bis ins Mittelmeer fuhren. Bis auf ein paar Kümos, die Getreide laden, gibt es heute keine Frachtschiffe mehr, dafür aber immer noch eine ansehnliche Fischerflotte, die ihre Plätze unterhalb des großen Silos hat. Neben der Nähe zum Meer begünstigte auch die hier sehr enge Schlei die Entwicklung der Stadt. Seit 1672 verband eine Fähre die reichen Landschaften Schwansen und Angeln, die 1866 durch eine Pontonbrücke ersetzt wurde, bis dann 1927

eine Straßendrehbrücke diesen Dienst übernahm.

Nördlich dieser Brücke steht ein kunstvolles Geflecht aus Stöcken und Weidenruten im Wasser, ein sogenannter Heringszaun, deren es früher viele an der Schlei gab. Mit ihrer Hilfe läßt sich ganz leicht der Hering fangen. Wer schon im Mai nach Kappeln kommt, der kann die Kappelner Heringstage erleben, ein riesiges Stadtfest, das alljährlich zur Erinnerung an die gute alte Zeit gefeiert wird.

Mit *Liegeplätzen* sieht es dort, wie überall an der Schlei, recht gut aus. Kommt man von Maasholm, so passiert man als ersten den Hafen der Bootswerft Henningsen & Steckmest, ein guter Platz, wenn man am Boot Reparaturen auszuführen hätte (Schlipp). Etwas weiter findet sich die sehr einfache Seglerbrücke Johannes Ancker, und danach könnte man am Kai vor der Brücke festmachen, aber nur, wenn man auf deren Öffnen warten muß. Sonst passiert man sie besser und legt sich an die Stege des Arnisser Segelclubs, einer nicht nur stadtnahen, sondern mit den vielen Bäumen auch recht schönen Anlage, bei der die Nähe von Bahnhof und Fabrik gar nicht stört. Dem Hafen von Henningsen & Steckmest ähnlich, aber ein beträchtliches Stück südlich der Brücke, befindet sich die Marina Kühl, ebenfalls mit Bootswerft.

Die Versorgung ist eigentlich überall gut. Treibstoff kann man bei der Wassertankstelle 100 m südlich der Brücke aufnehmen.

Die *Brücke* hat bei geschlossenem Zustand eine Durchfahrtshöhe von 3 m. Geöffnet wird sie zu jeder vollen Stunde, und zwar ab einer Stunde vor Sonnenauf- bis zu einer Stunde nach Sonnenuntergang. Man verlangt das Öffnen mit dem üblichen Schallsignal „Lang-Lang".

Der Brückenwächter antwortet mit folgenden Signalen:

F.r.	Bereite Öffnung vor.
F.w.	Brücke offen,
F.gn. F.gn.	Durchfahrt frei, doch hat der von See kommende bzw. der mit dem Strom fahrende Verkehr Vorfahrt
F.gn. F.gn.	Brücke offen, Durchfahrt frei, Gegenverkehr muß warten.
F.r. F.r.	Brücke geschlossen. Durchfahrt nicht gestattet.

Mit Häfen ist es an der Schle[i] fast zuviel des guten; kau[m] hat man in Kappeln die Le[i]nen gelöst, kann man nur vie[le] Seemeilen weiter mit

Arnis

schon wieder einen schöne[n] Hafen anlaufen, ganz z[u] schweigen von dem *Hafe[n] Kopperby* dazwischen, abe[r] das wäre nun wirklich zuvi[el] des Dahinbummelns, obwoh[l] das Revier dazu verleitet.

Arnis ist wohl das schönst[e] Hafenstädtchen an de[r] Schlei, und angeblich auc[h] die kleinste Stadt Deutsch[-] lands mit nur 600 Einwoh[-] nern: Es liegt auf einer lan[g] gestreckten (Halb-)Insel, di[e] wie ein Schiff in der Schle[i] schwimmt und von einer[m] Ende zum anderen von eine[r] Straße durchzogen ist, de[r] „Lange Straße", mit gestut[z-] ten Linden und laute[r] schmucken Häusern aus de[m] 18./19. Jahrhundert. Ihr[e] schönen Fronten, zuweil[e] auch noch die alten Vorbau[-] ten, die „Utluchten", schaue[n] alle zur Straße hin, währen[d] sich dahinter schmale Gär[t-] chen zum Wasser hinunter e[r-] strecken, jedes mit einem e[i-] genen Anlegesteg.

Die kleine Stadt entstan[d] 1667, als sich 62 Familien i[n] Kappeln weigerten, de[m] Herrn der Stadt, einem De[t-] lef von Rumohr auf Roest, di[e] Leibeigenschaft zu schwöre[n.] Hier auf Arnis, das dama[ls] noch eine richtige Insel wa[r,] ließen sie sich nieder, und mi[t] der Auswanderer immer e[i-] genen Energie brachten si[e] die neue Siedlung rasch hoch[.] Zwar blieb die Fischerei de[r] Haupterwerb, aber bald kam[e] auch eine ansehnliche Ha[n-]

elsflotte hinzu, deren Schiffe
ogar bis nach Westindien se-
elten. Mit dieser Herrlich-
eit war es allerdings vorbei,
ls 1867 Schleswig-Holstein
n Preußen fiel, denn damit
ngen die traditionellen Ab-
atzmärkte in Skandinavien
erloren, und für die 88
chiffe, die „Arnis" als Hei-
athafen am Spiegel zeigten,
ar keine Arbeit mehr da.
eute spielt wohl der Frem-
enverkehr die größte Rolle;
as Städtchen darf sich auch
ad Arnis nennen, was sich
ber außer am Ortsschild
urch sonst nichts bemerkbar
acht; man bleibt bei seinem
ehäbigen Lebensrhythmus
nd hält nichts von so moder-
em Bäderschnickschnack
ie Hallenbad oder Diskothe-
en.

Liegeplätze: Man könnte
n einem der vielen Stege au-
en am Fahrwasser festma-
en, soweit ein Festlieger im
rlaub ist, achte aber beim
nfahren auf den Strom und
uch auf die Wassertiefe, die
m Land hin rasch abnimmt.
ie besseren, vor allem ge-
hützteren Plätze findet man
der Bucht hinter der Insel:
an verläßt das Hauptfahr-
asser schon bei der *grünen*
onne 43/Arnis 2 und läuft
urch eine gut 2 m tiefe Rinne
uf den großen Yachthafen
er Wassersportgemeinschaft
rnis e. V. zu, an deren Ste-
en man bis auf Winde aus NE
beraus ruhig liegt. Einmal
anz abgesehen von dem ge-
ütlichen Restaurant „Sai-
or's Inn" ist die Versorgung
uch sonst komfortabel, ohne
aß der Hafen deswegen eine
ypermoderne, sterile Marina wäre. Oder man findet ei-
en Platz am Steg von Mat-
hiesen & Paulsen, einer
Verft, die es immer noch ver-
eht, wunderschöne Yachten
us blank lackiertem Holz zu
auen. Reparaturmöglichkei-
en gibt es auch bei den bei-
en Kutterwerften am Fahr-
asser.

Vorsicht bei der Seilfähre!
Südlich von Arnis weitet
ch die Schlei nun zu einem
st fünf Seemeilen langen
nd etwa eine halbe Seemeile
reiten Gewässer mit ziem-
ch gleichmäßigen Wassertie-
. Es gibt neben dem Sport-
oothafen *Lindaunis/Nißha-*

ken mehrere Anlegebrücken,
alle in Privatbesitz, bei denen
man zumeist dennoch fest-
machen darf. Eine davon soll
eigens erwähnt werden, nämlich

Sieseby,

weil das Dorf wie gemalt in
dem dunklen Buchenwald
liegt, aus dem seine weiße Kirche herausleuchtet. Nahe am
Kopf der Holzbrücke hat man
eine Wassertiefe von etwa
2 m, die danach aber rasch abnimmt. Die Kirche ist in ihrem Kern romanisch, also
sehr alt, danach aber immer
wieder umgebaut worden, so
daß sie zu einem anschauli-
chen Beispiel für die verschiedensten Baustile geworden
ist, angefangen eben bei der
Romanik, über Gotik und
Barock bis zur Neuzeit.

Am Nordufer vor der Lin-
daunis-Brücke liegt bei *Niß-*
haken ein relativ neuer Bootshafen, der allerdings etwas exponiert und frei ins Wasser gesetzt ist, auch wenn ihn eine
Bretterwand gegen Ost ein
wenig schützt.

Die alte Gitterbrücke von

Lindaunis

ein richtiges, schönes Mu-
seumsstück, versieht seit 1926
treu und brav ihren Dienst
sowohl als Eisenbahn- wie
auch als Straßenbrücke. Die
Durchfahrtshöhe in geschlossenem Zustand ist mit 3,85 m
so hoch, daß Motorboote sie
im allgemeinen ohne Aufenthalt passieren können. Reicht
das nicht, so kann man das
Öffnen der Brücke verlangen
(Signale siehe oben, bei Kappeln). Sie wird allerdings zu
anderen festen Zeiten geöffnet als die Kappelner Brücke,
und zwar immer jeweils zur
halben Stunde, beginnend um
05.30 bis eine Stunde nach
Sonnenuntergang — eine Re-
gelung, die jedoch nicht gilt,
wenn ein Zug erwartet wird.

Südwestlich von Lindaunis
fahren wir nun in ein besonders schönes Revier, mit
mächtigen Buchenwäldern an
seinem Südostufer.

Warum eigentlich nicht mal
ankern, etwa hinter dem *In-*
selchen Kieholm? Oder im
Missunder Nor, einer rundum
geschützten Bucht? Und das
Dingi zu Wasser lassen und
auf Entdeckungsfahrt gehen,
zu Buchten, in die man sonst
mit dem Boot nicht hin-
kommt? Oder zur *Königsburg*
rudern, einer Halbinsel am
engen Fahrwasser, auf der
einst eine gewaltige mittelalterliche Burg gelegen haben
soll?

Nun erreichen wir bei

Missunde

abermals einen besonders
schönen, sicher auch den eng-
sten Abschnitt der Schlei, wo
hohe, steile, bewaldete Ufer
bis auf 100 Meter zusammen-
rücken, so daß sich das Gewässer wie durch eine
Schlucht hindurchwindet.

Missunde ist — wen wun-
dert's angesichts dieser Lage?
— seit altersher ein wichtiger,
manchmal umkämpfter Über-
gang über die Schlei gewesen.
Noch immer ist es zwischen
Lindaunis und Schleswig die
einzige Stelle, wo man über
die Schlei setzen kann, und
zwar mit einer altmodischen
Seilfähre.

Liegeplätze gibt es gar
nicht so wenige, aber weil dies
ein sehr attraktiver Platz ist,
wird man in den Urlaubswochen nicht immer einen finden können. Wer ein Dingi
hat, ist deshalb gut dran, denn
in der stillen Bucht südlich
von Missunde findet man einen idyllischen Ankerplatz,
und zwar östlich der *roten*
Spiere Nr. 98.

Braucht man einen festen
Liegeplatz, so wäre wohl am
besten geeignet der Steg direkt vor dem Fährhaus. Vielleicht findet man auch Platz
nördlich davon am Steg des
Missunder Jachtclubs, oder
bei der *Marina Brodersby* südlich vom Fährhaus; hier hat
man übrigens die beste Versorgung und kann auch Reparaturen ausführen lassen (20-
t-Portalkran). Sehr ange-
nehm sitzt man im Restaurant
„Fährhaus", besonders bei
schönem Wetter draußen auf
der Terrasse, über der Schlei.

Hat man die *Missunder Enge* verlassen, so geht der Blick weit über die

Große Breite,

wo die Schlei eher einem großen Binnensee ähnelt, und hin nach Westen, wo der wuchtig-spitze Turm des Schleswiger Doms in den Himmel ragt.

Nach der geschützten Missunder Enge, in der man vom Wind kaum etwas gemerkt haben wird, kann es einen hier ziemlich packen, besonders bei Starkwind aus West.

Die Große Breite ist ein ziemlich gleichmäßig tiefes Gewässer, zum Segeln ideal. Die Ufer wirken sehr fern. Im Süden sind sie zumeist hoch und bewaldet, im Norden eher hügelig, grün oder gelb im Sommer, wenn das Korn reift.

Wenn man es nicht vorzieht, jetzt gleich weiter nach Schleswig zu gehen, so kann man in der Großen Breite noch ein paar recht gute Häfen anlaufen.

An ihrem südlichsten Punkt liegt der private Hafen von

Fleckeby,

den man durch eine enge, mit drei Tonnenpaaren markierte Rinne anlaufen muß. Aus dem Hafen auslaufende Boote muß man erst passieren lassen. Gäste legen sich einlaufend an den Steg linker Hand. Kein großer, aber ein gut geführter, adretter Hafen, mit ordentlichen Einrichtungen. Er liegt auf einer flachen, sumpfigen, mit Schilf bewachsenen Halbinsel, ziemlich weit weg von dem Ort gleichen Namens.

Die etwas westlich davon gelegene Brücke gehört der Wassersportvereinigung Fleckeby und ist als Liegeplatz nicht so günstig, zum einen, weil dort sehr wenig Wasser steht, zum anderen, weil sie auch zu wenig geschützt ist.

Am weißen Gut Louisenlund vorbei und immer entlang dem waldigen Ufer, kommt man zur *Schrader Marina*, einem Liegeplatz mit gu-

ten Versorgungsmöglichkeiten. Es gibt dort alles, was man fürs Schiff braucht, auch können Reparaturen ausgeführt werden (20-t-Kran). Die Marina liegt wie der kleine Hafen von

Borgwedel

in einer weitgeschwungenen, dunklen Bucht: ein bei Winden aus W bis S ein geschützter, idyllischer Ankerplatz, Borgwedel ist ein kleiner, viereckiger, aus eisernen Spundwänden gebauter Hafen. Boote von mehr als 10 m Länge sollten ihn besser nicht anlaufen, dafür ist er zu eng. Es gibt Wasser am Hafen, WC und Duschen findet man in dem großen, weißen Haus am Steilufer.

Borgwedel ist ein recht hübsches Dorf, das aber wohl inzwischen mehr Ferien- und Wochenendhäuser als alte Bauernhöfe hat.

In der *Stexwiger Enge*, die Große Breite und Kleine Breite verbindet, muß man darauf achten, sauber in der allerdings von Tonnen ausreichend markierten Fahrrinne zu bleiben, denn neben dem tiefen Wasser gibt es kaum knietiefe Stellen.

Diese Flachs, deren Lage die Einheimischen wohl kennen, sind auch das größte Problem für den Revierfremden, wenn man zu einem der drei Häfen von

Stexwig

will: Der mehr im Osten gelegene ist eine handtuchschmale Bucht, die tief in sumpfiges, flaches Land einschneidet. Die beiden Stege sind durch Schilf und Weiden gut geschützt (bis auf Winde aus N). Die Einfahrt ist recht schmal; und Boote mit einem Tiefgang von mehr als gut einem Meter sollten diesen an sich idyllischen, kleinen Hafen besser nicht anlaufen.

Sehr viel einfacher ist die Anfahrt bei dem westlich davon gelegenen Steg des Stexwiger Yachtclubs, der allerdings ziemlich exponiert und wenig geschützt im Wasser liegt. Aber für eine kurze Rast

ist er, da so nahe am Fahrwasser, doch gut geeignet.

Der dicht daneben gele gene „Rundhafen" Stexwi paßt nicht recht hierher, ob wohl er durchaus originell is ein kreisrundes, aus Beton ge bautes Becken mit einer Mol und einem blinden Leuch türmchen darauf. Doch es is ein Privathafen, der zu de ans Steilufer gebauten Ferier haussiedlung gehört.

Würde man in der *Kleine Breite* der Betonnung „Z" fo gen, so käme man unverse hens zu der am Nordufer gele genen Zuckerfabrik, einer roten, die Landschaft beher schenden Monstrum.

Wir halten uns jedoch wes wärts und passieren bald de kleinen Hafen von

Fahrdorf,

der von dem örtlichen Segle verein unterhalten wird, un wie man merkt, mit sehr vie Liebe. Genau besehen han delt es sich nur um einen Steg an dessen beiden Seite Boote liegen. Die niedrige aus Brettern gebauten Weller brecher bieten bei aufbriser dem Wind ein wenig Schutz.

Ruhiger liegt man leide auch nicht in dem kleinen H fen

Wiking Haddeby,

von dem aus man einen seh schönen Blick auf die Altsta von Schleswig mit dem Dor hat. Ein geschmackvoll ange legter Hafen, nur etwas unru hig bei Winden aus W und E vor allem aber aus N. Da Clubhaus steht auf Pfählen ir Wasser und trägt stolz sein schöne Reetdachhaube.

Vom kleinen Hafen zum a ten Haithabu sind es nur ei paar Schritte, doch komm man hier nicht unter, so ist da auch nicht weiter tragisch denn von Schleswig kann ma mit dem Schleidampfer ebe falls hierherfahren.

Haithabu

Von Haithabu, dem nebe Birka in Schweden und Sk

ngshal in Norwegen bedeu-
ndsten Handelsplatz der al-
n Wikinger, bekommt man
nächst enttäuschend wenig
 sehen, an Ort und Stelle je-
nfalls.

Am Haddebyer Nor, einer
ebenbucht der Schlei, liegt
n Westufer ein halbkreisför-
iger, bis zu zehn Meter ho-
r Erdwall, der sich zum
asser hin öffnet: es ist der
ingwall des alten Haithabu.
m Ort selbst sieht man an-
nsten nicht mehr viel, denn
s die Archäologen mit ihren
usgrabungen fertig waren,
rde die ganze Fundstätte
eder mit Kleierde zuge-
ckt. Alles, was man zu Tage
rderte, ist jetzt im nahegele-
nen, architektonisch gut ge-
ngenen Wikingermuseum
 bestaunen, und das ist aller-
ngs nicht wenig.

Die seit 1900 mit Unterbre-
ungen durchgeführten Aus-
abungen geben recht gut
uskunft über diesen alten
andelsplatz, an dem im frü-
n Mittelalter drei Kultur-
eise aufeinanderstießen:
r Wikinger − also der des
ordens, der Franken − also
r des Südens, und der Wen-
n − also der des Ostens.

Der Ort war schlechthin
eal für einen solchen Han-
elsplatz: einerseits weit im
andesinneren gelegen und
her gut geschützt, anderer-
its aber auch mit einer Ver-
ndung zum offenen Meer.
och das allein war es noch
cht: Wirft man einen Blick
f die Landkarte, so sieht
an, daß die Schlei fast zur
älfte das Landgebiet von
hleswig durchschneidet,
d man erkennt auch wenig
stwärts von Schleswig ei-
n Fluß, die Treene, die von
r zur Eider fließt, und
ese mündet in die Nordsee.
war ist die Treene ein be-
heidener Fluß, aber für die
chgehenden, schmalen Wi-
ngerboote reichte sie alle-
al. Man brauchte also die
aren nur auf dem etwa 15
ilometer langen Landweg
vischen Haithabu und der
eene zu transportieren und
tte ansonsten einen durch-
ngigen Wasserweg von der
stsee zur Nordsee.

Anhand der Funde kann
an sich ein recht gutes Bild
m Handel jener Zeit ma-

chen: Vom Rhein, aus dem
Reich der Franken, kamen
vor allem Wein, Keramiken,
Gläser und Schmuck, wäh-
rend Norden und Osten
Pelze, Elfenbein, Bernstein
und Sklaven hierher brachten. In Haithabu entwickelte
sich bald auch ein vielgestalti-
ges Handwerk: Töpferei, We-
berei und Schmuckherstel-
lung. Sogar Eisen wurde aus
dem aus Schweden herbeige-
schafften Eisenerz herausge-
schmolzen und zu Waffen und
Gebrauchsgegenständen verarbeitet.

Das Wikingermuseum zeigt
das alles sehr schön; man
kann sich ruhig einen ganzen
Tag für Haithabu und das Museum nehmen, vielleicht noch
mit einem Erkundungsgang
in der näheren Umgebung.

Haithabu ist wahrschein-
lich um 1050 von dem nor-
wegischen Wikingerkönig Ha-

rald dem Harten eingenom-
men und niedergebrannt worden; endgültig zerstört wurde
die Stadt dann 1066 von den
Wenden, den slawischen Be-
wohnern des heutigen Meck-
lenburgs und Pommerns.

Und damit begann der Auf-
stieg von Schleswig.

Die Landenge zwischen
Schlei und Treene war über
Jahrhunderte die natürliche
Pforte in den Norden. Hier
führte auch der alte Heerweg
entlang, der spätere Ochsen-
weg, auf dem die dänischen
Bauern ihr Vieh zu den Märkten Norddeutschlands trie-
ben.

Es war für die Dänen eine
sehr gefährdete Stelle, die
sich aber auch wegen der
sumpfigen Rheider Au gut zur
Verteidigung eignete. So ent-
stand hier im Lauf der Jahrhunderte ein verzweigtes Sy-
stem von Wällen, Gräben und

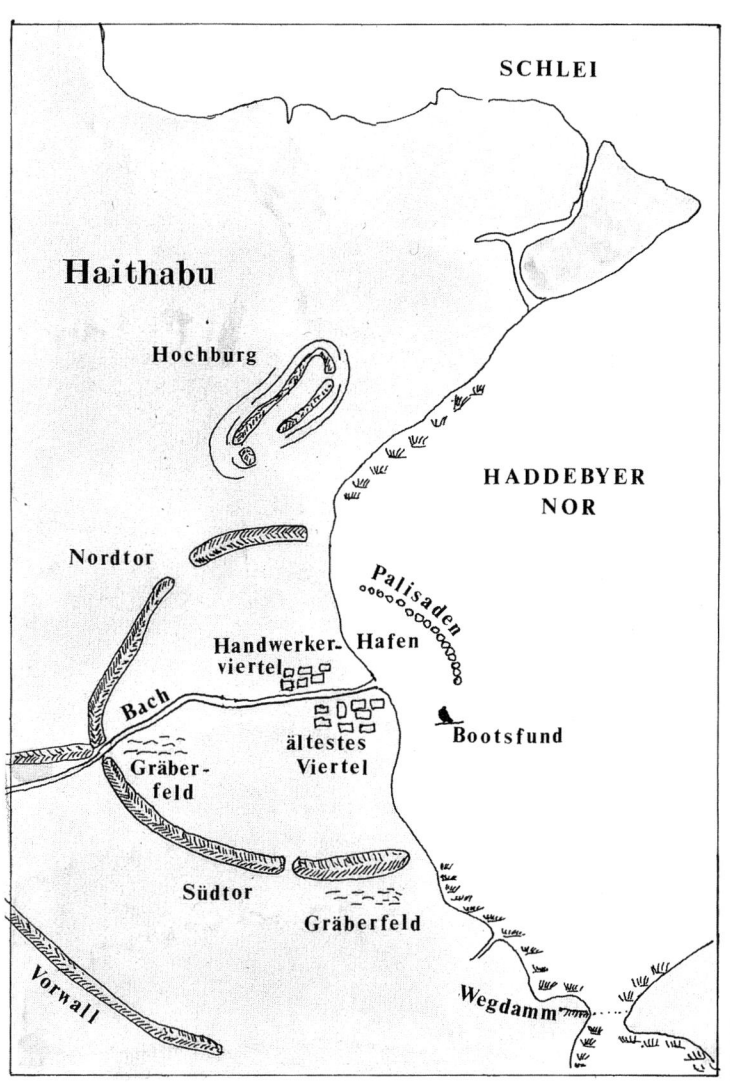

Mauern, das *Dannewerk*, mit dem die Dänen ihre Südgrenze gegen die Deutschen zu schützen suchten. Den ersten Wall errichtete der dänische König Göttrik um 808 n. Chr. gegen die Franken Karls des Großen. Mitte des 12. Jahrhunderts baute dann König Valdemar I. (1157 bis 1182) eine nach ihm benannte Ziegelmauer, die bis zu sieben Meter hoch gewesen sein soll, von der aber nichts mehr übriggeblieben ist. Der dritte Umbau fand 1860 statt, als das ganze Festungswerk von den Dänen modernisiert wurde, die guten Grund zu der Annahme hatten, daß bald wieder der deutsche Feind von Süden heranrücken würde. Als die Deutschen dann 1864 wirklich kamen, da war das alte Dannewerk den modernen Kanonen allerdings nicht mehr gewachsen: Die Dänen konnten es nicht halten; sie mußten sich immer weiter zurückziehen, bis sie schließlich nicht nur den Krieg, sondern auch ihre beiden schönen Provinzen Schleswig und Holstein verloren, um die der ganze Streit gegangen war.

An ihrem Scheitel wird die Schlei stellenweise sehr flach. Um nicht auf eines dieser Flachs zu geraten, sollte man sich als Revierfremder sauber an die Tonnen halten, auch wenn man Einheimische unbekümmert darüber hinwegsegeln sieht. Das Inset A „Hafen von Schleswig" der Seekarte Nr. 41 ist sehr genau, so daß einem, immer vorausge-

setzt, man fährt nach den Tonnen, nichts passieren dürfte.

hat mehrere Häfen. In welchem macht man am besten fest?

Ganz subjektiv mag ich den alten *Stadthafen* am liebsten, obwohl man außen an der Kade recht exponiert und wenig geschützt liegt, es sei denn, man würde in die kleine Hafenbucht zwischen der Altstadt und der Fischersiedlung Holm fahren, wo man, außer bei Winden aus Süd, guten Schutz fände. Die Versorgung am alten Hafen ist nicht besonders: nur Wasser gibt es, und WCs im Haus des Hafenamtes. Hier legt auch der Schleidampfer an, mit dem man nach Haithabu hinüberfahren kann.

Wie kommt man zum alten Stadthafen? Man folgt ab der *roten Tonne Nr. 138/Haddeby 1* weiter den Tonnen, also den grünen Nr. 143, 145 und so fort.

Zweite Möglichkeit: Man fährt von der roten Nr. 138 westwärts, entlang den Tonnen H 3, H 5, wobei man die *Grasinsel Mövenberg* passiert, jetzt ein Naturschutzgebiet, früher Standort einer Burg der Herzöge von Schleswig. Bei dem Tonnenpaar *H 7/ Luisenbad 1* fährt man auf dieses zu: An der Westseite der parkartigen Halbinsel liegt ein schon etwas älterer *Yachthafen* mit mehreren Stegen und großen Bootshallen.

Bei den Stegen selbst steht r[e]lativ viel Wasser, aber scho[n] im näheren Umkreis wird [es] sehr flach. Am besten le[gt] man sein Boot an den südlic[h]sten Steg, wo für Gäste imm[er] ein paar Plätze freigehalte[n] werden. Die Versorgung i[st] recht ordentlich, unter and[e]rem gibt es hier einen 10[-t-] Kran. Sehr zu empfehlen i[st] das nur ein paar Schritte en[t]fernte Hotel Strandhalle, i[n] dem man ganz ausgezeichn[et] essen kann.

Dritte Möglichkeit: Zu[m] *Jachthafen Wiking,* der unte[r]halb des gleichnamigen Woh[n]turms liegt, über dessen arch[i]tektonische Gestaltung [es] keine allzu schmeichelhafte[n] Urteile gibt. An sich ein gute[r,] vor allem geschützter Hafe[n.] Hinter den eisernen Spun[d]wänden und im Schatten d[es] Turmgiganten würde ich mi[ch] allerdings nicht besond[ers] wohlfühlen. Gerechtigkeit[s]halber muß man den Servi[ce] loben: 8-t-Kran, Werft, Mot[o]renreparatur, Zubehör. Und man hat auch einen sch[ö]nen Blick auf die Altstadt m[it] dem Dom.

Schleswig, eine Stadt vo[n] heute gut 30000 Einwohner[n,] war bis Ende des Zweite[n] Weltkriegs Sitz der Provinz[ial]regierung von Schleswig-H[ol]stein. Kiel wurde erst nac[h] 1945 Landeshauptstadt. Z[u] dieser Ehre war Schlesw[ig] 1867 gekommen, nachde[m] Preußen die beiden Herzog[tü]mer Schleswig und Holst[ein] von Dänemark erobert hatt[e.] In dem monumentalen, a[us] rotem Backstein gemauerte[n]

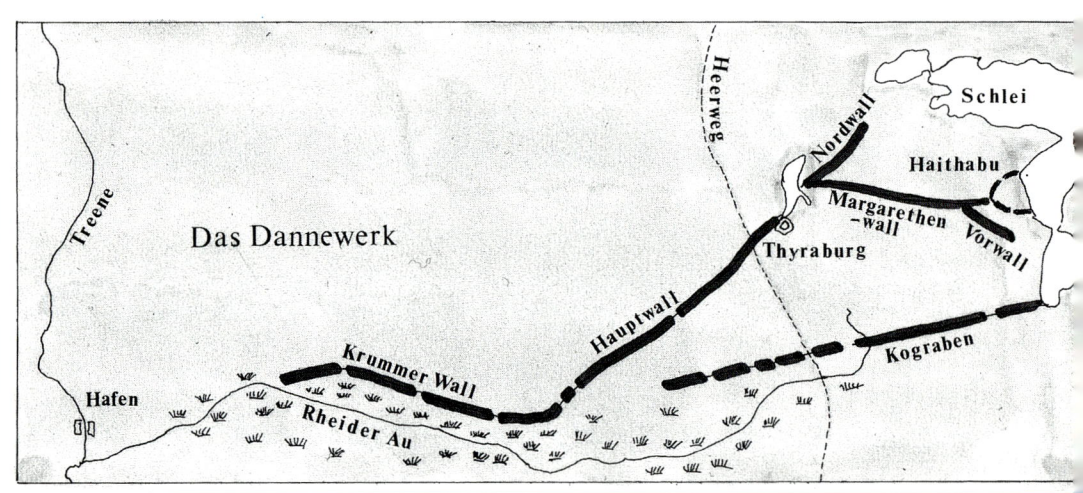

ebäude, etwas westlich von Viking", hatte die preußische Provinzialregierung ihren Sitz; heute tagen hier die obersten Gerichte des Landes Schleswig-Holstein. Diese preußische Epoche hat die alte Stadt sehr geprägt; immer wieder stößt man auf die typischen Häuser der Gründerzeit, auf ehemalige Verwaltungsgebäude oder Beamtenhäuser. Selbst der Turm des St. Petri-Doms stammt aus der Preußenzeit: Er wurde in den Jahren 1888 bis 1894 erbaut.

Natürlich reicht die Geschichte von Schleswig sehr viel weiter zurück. Wir sagten schon, daß der Aufstieg von Schleswig mit dem Fall von Haithabu begann. 1134 wird erstmals der Dom erwähnt, aber lange vorher hat es schon eine Fischersiedlung auf dem Holm gegeben. Bald bauten sich die Herzöge auf der Insel Mövenberg einen festen Sitz, die Jürgensburg, während der Bischof im Westen auf der Insel saß, auf der später Schloß Gottorf erbaut wurde. Dank der geographisch unverändert günstigen Lage übernahm Schleswig bald die Rolle von Haithabu als Handelsplatz zwischen Ost, Nord und Süd. Es blieb lange die bedeutendste Handelsstadt im ganzen Ostseeraum und hatte damit einen Rang, den ihm später erst Lübeck, die Königin der Hanse, streitig machen konnte.

Schleswig war in den darauffolgenden Jahrhunderten allererst eine Residenzstadt, geprägt von der Hofhaltung der Gottorfer, die von hier aus in der europäischen Politik kräftig mitmischten; einer von ihnen, Herzog Friedrich, wurde 1523 zum dänischen König gewählt; er ist im Petri-Dom beigesetzt; ein anderer brachte es 1762 als Peter III. gar zum russischen Zaren, was die kuriose Situation zur Folge hatte, daß Schleswig nun plötzlich russisch war und vom Zarenhof in Petersburg aus regiert wurde.

Ausdruck dieser Bedeutung des Fürstenhauses ist das Gottorfer Schloß, das 1544 westlich der Stadt auf einer Insel erbaut wurde. Dieses wahrhaft imposante, weiße Bauwerk mit seinem Park beherbergt heute die Landesmuseen von Schleswig-Holstein, die wahre Schatzkammern sind.

Schleswig war im 19. Jahrhundert zum Ausgangspunkt des Konflikts zwischen Dänen und Deutschen geworden, die ja gleichermaßen das schöne Land bewohnten, auch wenn ihr oberster Herr der dänische König war. In den Ständeversammlungen, die hier im Rathaus zwischen 1836 und 1846 tagten, flackerte der Nationalitätenstreit zuerst auf. Am westlichen Stadtrand von Schleswig kam es 1848 auch zur ersten kriegerischen Auseinandersetzung zwischen Dänen und Deutschen, einem Scharmützel, aus dem sich der erste Deutsch-Dänische Krieg entwickelte, den die Dänen noch zu ihren Gunsten entscheiden konnten, und zwar letztlich 1850 in der Schlacht auf der Idstedter Heide, einem Feld, das etwas westlich von Schleswig im Gebiet des alten Dannewerks liegt.

Die Schleswig-Holstein-Frage erregte in jener Zeit die Gemüter auf eine Art, die man sich heute kaum mehr vorstellen kann. Worum ging es? Nach dem ersten, von ihnen gewonnenen Krieg hatten die Dänen ihre Verfassung weiter auf Schleswig und Holstein ausgedehnt. Ob das rechtens war, darüber stritten sich die Gelehrten; hinzu kam eine ungeklärte Erbfolge, nachdem König Frederik VII. ohne männlichen Erben 1863 gestorben war. Lord Palmerstone, der britische Premier, meinte, daß diese Frage überhaupt nur drei Menschen jemals verstanden hätten: der englische Prinzgemahl Albert, der inzwischen verstorben sei, ein deutscher Professor, der darüber verrückt geworden sei, und er, Palmerstone selber, aber er hätte alles, Gott sei Dank, wieder vergessen.

Das ganze Dilemma ging zurück auf den Vertrag von Ribe aus dem Jahre 1460, in dem die beiden Herzogtümer sich den dänischen König als Herrscher gewählt, gleichzeitig aber beschlossen hatten, daß Schleswig und Holstein "op ewig ungedeelt" bleiben sollten. Bei Holstein war es einfach: Es war unbestritten deutsch, und der dänische König war als Herzog von Holstein gleichzeitig deutscher Fürst. Aber im Herzogtum Schleswig lagen die Verhältnisse komplizierter, zumal die Dänen im 19. Jahrhundert auch eine rigorose Dänisierungspolitik betrieben: von den 571 Beamtenstellen des Landes wurden 541 mit Dänen besetzt. Am Ende sprachen die Waffen. Der Ausgang ist bekannt. Bismarck, der schon vor dem Krieg gesagt hatte: "Dat Land und die Lüüt mööt wie hebben .." bekam die beiden schönen Provinzen. Seit 1864 ist Schleswig also deutsch, ein starker dänischer Einschlag ist aber immer noch spürbar, um so mehr, je weiter man nach Norden kommt.

Die alte Stadt ist voller wunderschöner Bauwerke, aus denen in jeder Beziehung der Petri Dom herausragt, der im frühen Mittelalter entstanden ist und später zu einer gotischen Hallenkirche umgebaut wurde. Der Turm kam, wie schon erwähnt, erst im vorigen Jahrhundert dazu. Der Dom ist innen voller Kostbarkeiten, wenn auch keineswegs überladen; von allererstem Rang ist der Bordesholmer Altar (1514−1521) des Holzschnitzers Hans Brüggemann.

In einem der vielen Palais, die es in der Stadt noch gibt, dem Plessenhof, der etwas westlich vom Dom steht, erhält man im Städtischen Touristenbüro einen Stadtplan, mit dem man alle Sehenswürdigkeiten der Stadt abwandern kann.

Nautische Unterlagen: Entweder die Karte Nr. 41 des Deutschen Hydrographischen Instituts, „Die Schlei von Schleimünde bis Schleswig" (unhandlich); oder die Sportschiffahrtskarte Nr. 7588, „Die Schlei".

Glücksburg, der am schönsten gelegene Yachthafen an der Flensburger Förde.

3 Die Flensburger Förde

HOHE UFER DUNKLE WÄLDER

1 *Halbinsel Birk an der Einfahrt in die Flensburger Förde. Von hier erstreckt sich der gefährliche Kalkgrund gut 1,5 Seemeilen weit nordwärts.*

2 *Typische Fördelandschaft.*

3 *Wackerballig. Ein Hafen wie eine Insel. Bei der Ansteuerung ist Vorsicht geboten.*

4 *Die rote Gelting-Fähre dreht und nimmt gleich Fahrt auf mit Kurs Dänemark. Im Hintergrund Wackerballig.*

1 Gelting Mole, ein guter Hafen, direkt neben dem Anleger der Gelting-Fähre.

2 Langballigau. Ein gemütlicher, doch meist gedrängt voller Hafen.

3 Schausende. Die Bauten sind nicht gerade eine Zierde, der Hafen aber kann einem gefallen.

1 *Glücksburg, der attraktivste Hafen an der Förde. Vorne der Ortsteil Sandwig, ein zwar kleines, doch elegantes Seebad.*

2 *Sehr gute Versorgung, aber wenig schöne Umgebung: der Industriehafen von Flensburg. Zur Stadt ein weiter, umständlicher Weg.*

3 *Trotz Werft und Kraftwerk gar nicht so übel: Liegeplätze in der Galwik.*

4 *Der alte Handelshafen von Flensburg. Leider keine Plätze für Gäste.*

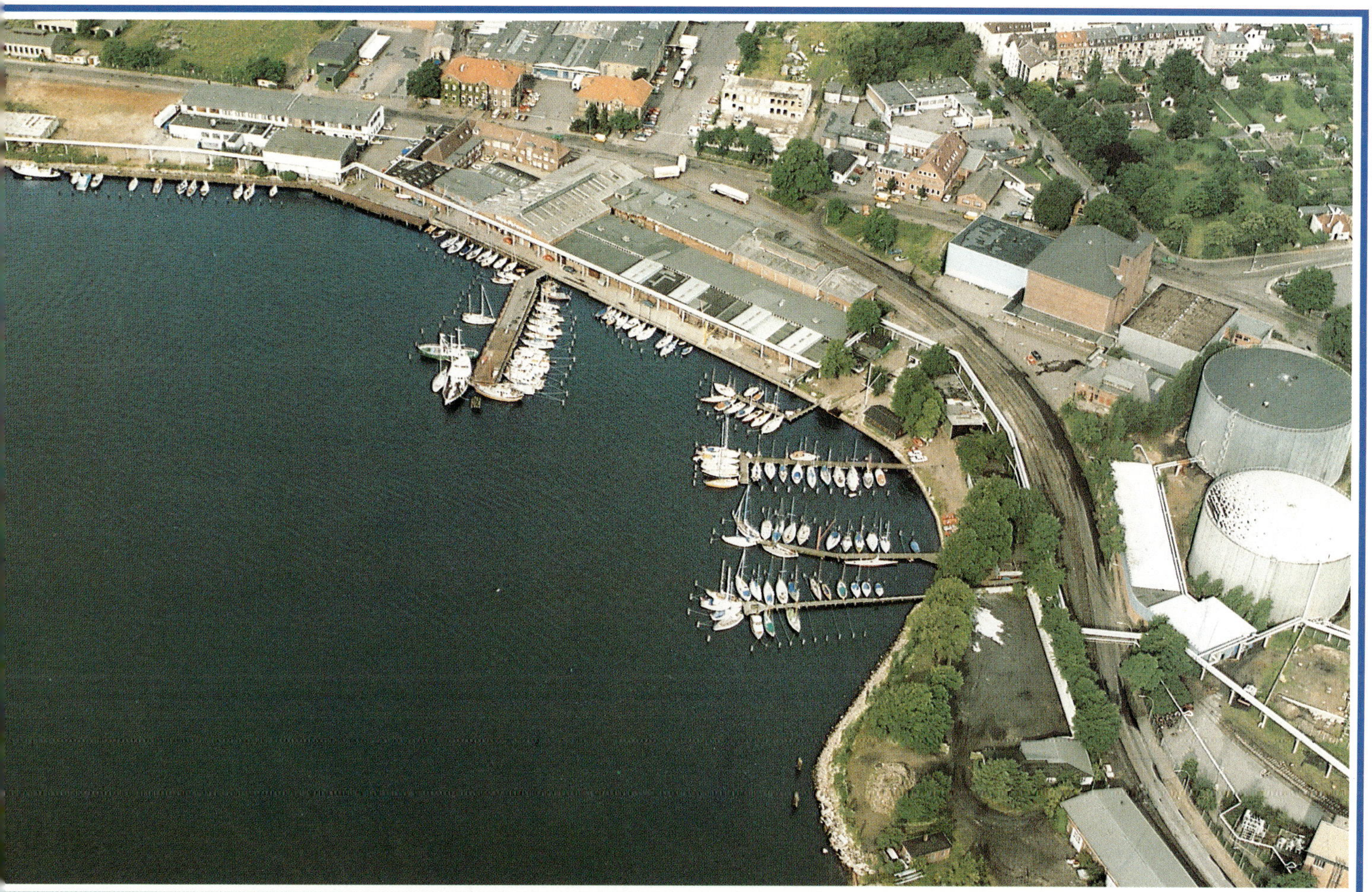

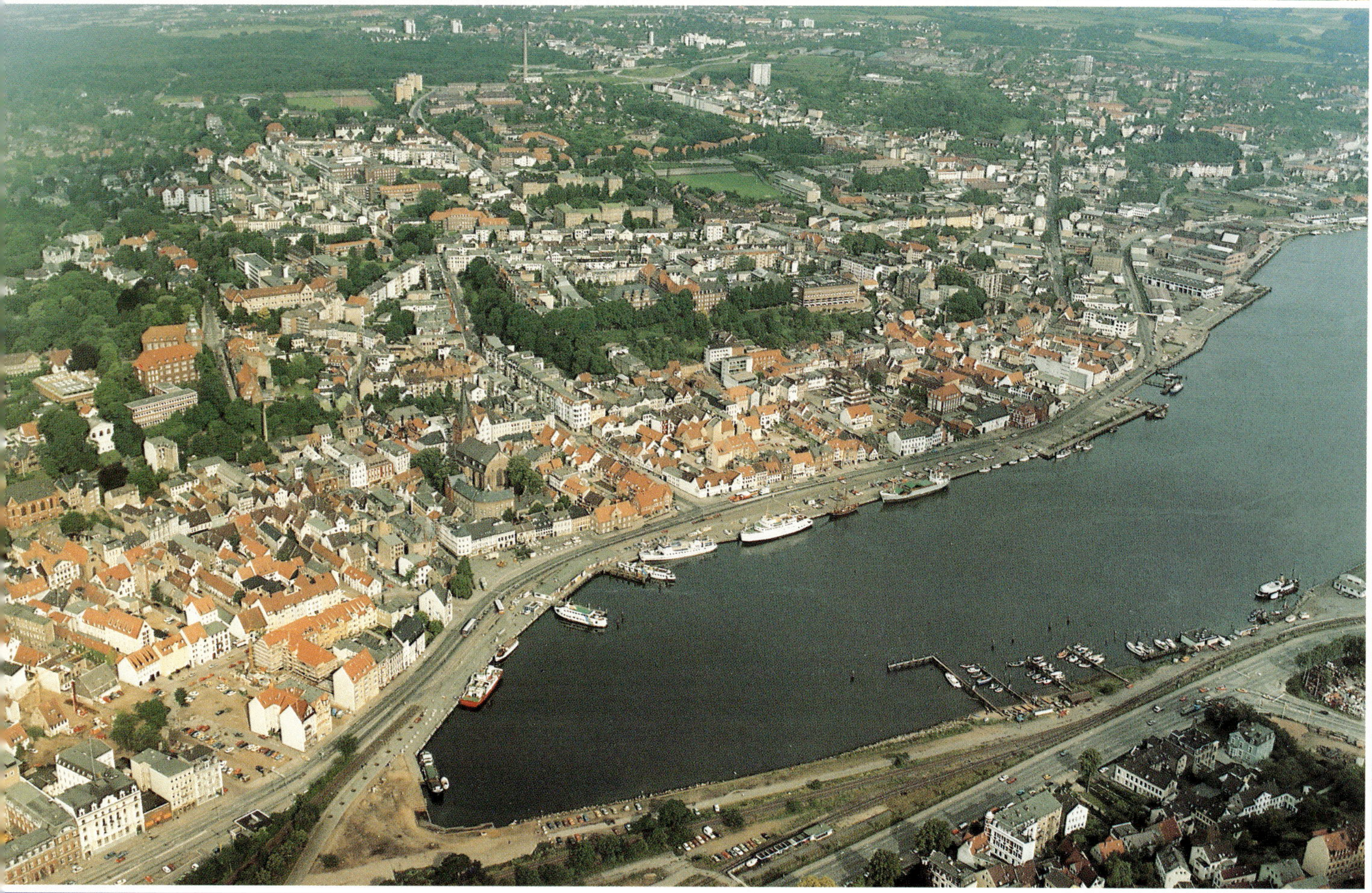

Die Flensburger Förde, das Ziel dieses Törns, ist nicht nur die nördlichste, sondern auch die größte der vier deutschen Ostseeförden, und vielleicht sogar das beste Revier für den der Fahrtensegler. Weiträumig, tief, bis auf zwei Stellen auch ohne Schiffahrtshindernisse, und umgeben von einer grandiosen, nordischen Landschaft. Auch hier jede Menge Häfen, auf deutscher und dänischer Seite. Die alte Hafenstadt Flensburg hat zwar Liegeplätze genug, doch keiner ist ein richtiger Urlaubshafen. Dafür gibt es überall einen exzellenten Service. Flensburg ist eine Einkaufsstadt, was besonders die Dänen nutzen. Die heutige Grenzstadt war lange dänisch und hatte zu der Zeit auch eine der größten Handelsflotten der Ostsee, mit Schiffen, die bis nach Westindien segelten. Aus dieser Zeit ist Flensburg eines geblieben: es ist noch immer die Rum-Metropole Europas.

Unser Weg nordwestwärts zur *Flensburger Förde* ist im Grunde ganz einfach: Sobald man *Schleimünde* passiert hat, läuft man mit einem Abstand von etwa einer halben Seemeile immer an der Küste entlang. Man hat so noch ein wenig Schutz vor dem doch vorherrschenden West und bleibt gleichzeitig außerhalb der 5-m-Linie, also immer in tiefem Wasser. Bei einem auflandigen Ost würde ich jedoch zur Küste eine größere Distanz halten, bei Starkwind wahrscheinlich gar nicht auslaufen, sondern in *Maasholm* auf besseres Wetter warten.

Die Küste bleibt zunächst flach, ist nahe Schleimünde auch noch von Deichen geschützt und steigt erst auf Falshöft hin zu einer allerdings nicht sonderlich hohen Kliffküste an, bis sie dann an der Einfahrt in die Flensburger Förde wieder sehr flach wird.

Querab *Falshöft* erreicht man die Außengrenze der *Flensburger Förde*, die auf dänischer Seite von *Pölshuk* begrenzt wird, der Südostspitze der *Insel Alsen*. Die Distanz zwischen diesen beiden Punkten ist mit gut sieben Seemeilen so groß, daß man hier noch nicht das Gefühl hat, in eine Förde, also eine schmale, geschützte Meeresbucht, einzulaufen; dies kommt erst später, in der Innenförde.

Im Vergleich mit der lieblichen Schlei ist die

Flensburger Förde

sehr viel weiträumiger, auch viel tiefer, und verglichen mit der Kieler Förde viel ruhiger, denn einen so starken Schiffsverkehr kennt man hier nicht: Außer einem Butterdampfer oder Schiffen der Bundesmarine begegnet einem hier doch ganz selten ein größeres Schiff. Andererseits gleicht die Flensburger Förde auch wieder der Kieler Förde, mit ihren weitgeschwungenen Buchten, den hohen Ufern und den dunklen Wäldern, nur: hier ist es unvergleichlich stiller und einsamer.

Von den vier Förden ist die Flensburger zweifellos das beste Segelrevier, jedenfalls für

Fahrtensegler, allerdings auch anspruchsvoll; in der weiten, ungeschützten Außenförde kann es für ein kleineres Boot doch schon recht hart werden.

Der Landgrund ist ziemlich schmal und verläuft gleichmäßig vor den Ufern, so daß man das Gewässer fast ganz aussegeln kann.

In dieser gut 20 Seemeilen tief ins Land einschneidenden Förde gibt es nur zwei wirklich kritische Stellen, die man aber beide bei sorgfältiger Navigation mühelos meistern wird.

Eine liegt in der Außenförde, nahe der Mündung: der *Kalkgrund*, ein Flach, das sich von der niedrigen *Halbinsel Birk* aus gut 1,5 Seemeilen nordnordwestlich erstreckt. Es hat zum Teil extrem geringe Wassertiefen. Der Grund ist mit Steinen übersät. An der Kante des Kalkgrunds steht der gleichnamige Leuchtturm: ein moderner, runder, rot angemalter Turm mit zwei weißen Bändern. Man sollte sich einprägen: wie immer man auch segelt, welcher Kurs auch anliegt, *Kalkgrund Leuchtturm* wird prinzipiell nur im Norden passiert! Aus, Ende, keine Diskussion, und auch kein Zögern und Schwanken, wenn man andere Boote über das Flach hinwegsegeln sieht.

Die andere kritische Stelle befindet sich schon weit in der Innenförde, an der *Halbinsel Holnis*. Sie ist einmal kritisch wegen der dicht ans Fahrwasser heranreichenden Untiefen und zum anderen, weil in der *Holniser Enge* ein starker Strom von 2 sm/h setzen kann.

Hält man sich von Kalkgrund so frei wie eben beschrieben, dann hat man nördlich vom Leuchtturm eine ganze Menge Platz: Bis hin zur dänischen *Halbinsel Kegnaes* sind es doch gut zwei Seemeilen freies, tiefes Wasser.

Das ganze Nordufer der Flensburger Förde ist dänisch. Die Grenze verläuft etwa in der Mitte der Förde; sie ist in der Seekarte eingezeichnet und folgt in etwa den roten Leuchttonnen des Kiel-Flensburg-Wegs. In Wirklichkeit kümmert sich keiner um

diese nasse Grenze, die ma[n] beim Kreuzen so oft überla[u]fen kann wie man will. Das in[ter]essiert im allgemeinen nie[man]den; erst wenn man eine[n] dänischen Hafen anläuf[t] muß man damit rechnen, da[ß] der Zoll an Bord kommt.

Es liegt ganz sicher nicht a[n] dieser unsichtbaren Grenze[,] aber irgendwie hat man doc[h] das Gefühl, einem andere[n] Land nahe zu sein. Ob es di[e] wenig besiedelte Landschaf[t] ist, die etwas Einsames[,] manchmal Nordisch-Schwe[r]mütiges an sich hat, oder de[r] hohe blaßblaue Himmel, de[r] sich darüber wölbt und diese[n] Eindruck vermittelt, das is[t] schwer zu sagen.

Die Flensburger Förde is[t] — schon wegen des für die Be[-]rufsschiffahrt eingerichtete[n] Kiel-Flensburg-Wegs — seh[r] gut befeuert. Dennoch würd[e] ich sie im Dunkeln nur bei ru[-]higem Wasser und klare[r] Nacht befahren wollen. Wä[-]ren die Bedingungen nicht s[o] würde ich nicht mehr weit lau[-]fen wollen, und nach Passie[-]ren von Kalkgrund-Leucht[-]turm das dänische Sönde[r-]borg ansteuern, dort abe[r] nicht in den Yachthafen verle[-]gen, sondern in den Stadtha[-]fen (siehe Seite 63).

So, nach diesen allgeme[i-]nen Überlegungen geht e[s] richtig los:

Hat man *Kalkgrun[d] Leuchtturm* querab, so sollt[e] man noch etwa eine halb[e] Seemeile westwärts laufe[n] und danach mit Kurs Süd i[n] die tiefe, weit ausschwi[n]gende *Geltinger Bucht* ein[-]steuern, die an ihrem Scheite[l] gleich zwei Bootshäfen ha[t.] Mit einiger Wahrscheinlich[-]keit begegnet einem hier auc[h] die große rote Gelting-F[å-]borg-Fähre, die just nebe[n] dem Yachthafen

Gelting Mole

ihren Anleger hat. Wir halte[n] uns eine Idee westlich davo[r] in der etwas schmalen, doc[h] dicht mit Spieren betonnte[n] Rinne, die auf die sich nac[h] NNE öffnende Hafeneinfah[rt] zuführt.

Der Hafen liegt recht g[e]schützt hinter einer hohe[n] Steinmole. Größere Boot[e] ollten sich einen Platz an den orderen Stegen suchen; man ann in jeder Box mit grünem child festmachen.

Die Versorgung ist alles in llem recht gut. Man hat die blichen sanitären Einrichtungen. Ein 16-t-Travellerlift ann benutzt werden. Am ähranleger befindet sich ein esiger Supermarkt, extra für ie Dänen, die hierher mit er Fähre kommen, um billig inzukaufen. Im nahen Dorf *ehbeck* gibt es ein Zubehöreschäft, auch einen Segelmaher, und von einer Straßenankstelle kann man sich reibstoff holen.

Nach *Gelting* hat man etwa ine halbe Stunde zu gehen.

Ein großzügiger Hafen, chön im Grünen gelegen. ie Fähren mit dem Autovererehr stören kaum.

Nur ein paar hundert Meter ordöstlich von hier finden ir mit

Wackerballig

den zweiten Yachthafen in der Geltinger Bucht, eine zwar zweckmäßige, jedoch ziemlich merkwürdige Anlage, die wie eine Insel weit vor dem Ufer und zum Teil im flachen Wasser liegt. Obwohl so exponiert, bietet der Hafen dank seiner Spundwände ein recht ruhiges Liegen. Mit dem Land ist er mittels eines 200 m langen Holzstegs verbunden.

Die Ansteuerung ist nicht schwer, verlangt aber einige Aufmerksamkeit; denn die Einfahrt öffnet sich nach Osten, also auf das Flach zu, wo viele große Steine liegen. Am besten geht es so: Zunächst bleibt man in der Ansteuerung, die nach Gelting Mole führt. Bei der *roten Spiere G 2* orientiert man sich indes schon mehr auf Wackerballig zu, wobei man aufpas-

sen muß, daß man nicht zu weit östlich kommt; keinesfalls darf man über *die beiden roten Spieren* (Besen aufwärts im Topp) hinausfahren. Danach läuft man im gut 2,5 m tiefen Wasser einfach auf die nördliche Spundwand zu, sodann nahe an die östliche Ecke heran und gleich hinein in die Einfahrt.

Der Hafenmeister hat sein Büro in einem ausgedienten Leuchthäuschen, das an der NW-Ecke des Hafens steht. Meist weist er einem schon bei der Ansteuerung durch Zuruf einen Platz zu.

Am Ende des Stegs, am Ufer, steht ein weißer Flachdachbau, der „Strandpavillon", ein Restaurant mit Clubräumen und den üblichen sanitären Einrichtungen. Alles propper und tipptopp, nur: das Haus könnte genauso gut eine Polizeistation oder eine Tankstelle sein, Marke „deut-

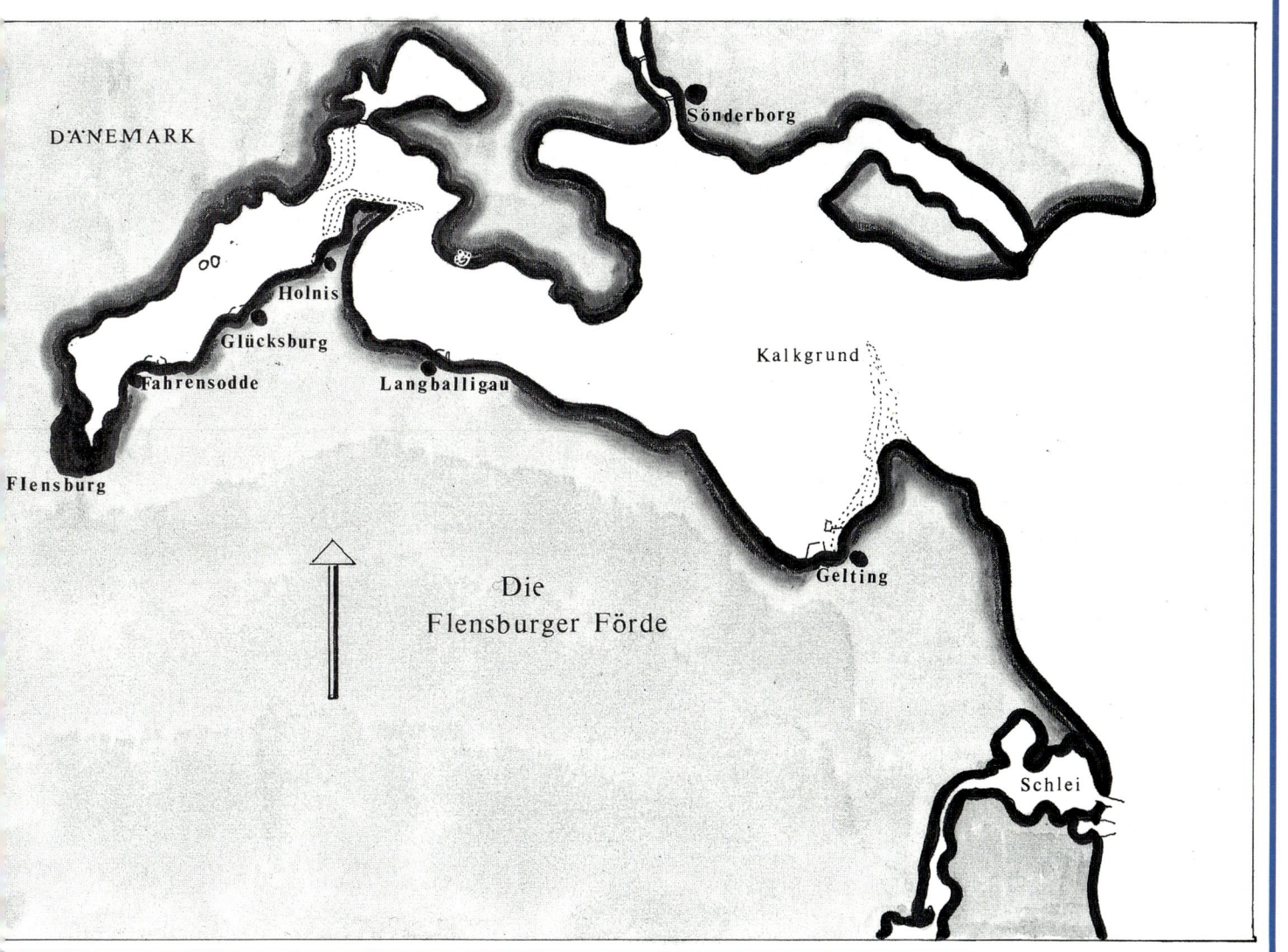

scher Einheitsstil". Daß es auch anders geht, sieht man – beispielsweise – am neuen Yachthafen Sönderborg, der Stil hat und sich harmonisch in die Landschaft einfügt; in der Beziehung haben die Dänen offensichtlich mehr los als wir Deutsche.

Nach *Gelting* hat man etwa zwei Kilometer zu gehen; dort findet man Geschäfte und Restaurants in einem recht hübschen Dorf, und als Sehenswürdigkeit das Geltinger Schloß, einen Gutshof mittelalterlichen Typs, mit Wällen und Wassergräben.

Zu empfehlen ist auch ein Spaziergang zu dem landschaftlich reizvollen Geltinger Nor.

Bevor man in Gelting die Leinen löst, um weiter in die Förde hinein zu fahren, sollte man bedenken, daß man bis zum nächsten Hafen neun Seemeilen wenig geschütztes Wasser vor sich hat; und außerdem ist unser nächster Hafen

Langballigau

ziemlich klein, meist dicht mit Booten belegt, so daß man unter Umständen dort auch gar nicht unterkommen wird.

Auffallendste Landmarke ist die hoch oben am Steilufer stehende *Windmühle von Westerholz.*

Man kann den Hafen in etwa mit Kurs Süd anlaufen. Die Einfahrt ist etwas eng und nach Osten zu durch eine lange Mole geschützt. Sieht man, daß die Fähre im Begriff ist abzulegen, sollte man außen warten, bis sie den Hafen verlassen hat.

Der Hafen ist nicht nur eng, sondern auch unübersichtlich und verwinkelt. Es liegen außer zumeist kleineren Sportbooten eine Menge Anglerkähne hier, dazu ein paar kleine Fischkutter, der Zollkreuzer und ein Rettungsboot.

Die Versorgung ist recht ordentlich. In dem weißen Haus an der Ostseite des Hafens, in dem auch der Hafenmeister sein Büro hat, findet man Duschen und WCs; auch einen Zubehörladen gibt es hier, ein Restaurant und einen Laden

mit Lebensmitteln und Transitwaren.

Daß es besonders ruhig wäre, kann man nicht gerade behaupten, schon wegen der Busse nicht, die ihre Leute zu den Butterdampfern fahren, und auch nicht wegen des großen Zeltplatzes, der östlich vom Hafen auf einer großen flachen Wiese liegt. Dennoch: Langballigau ist ein gemütlicher, familiärer, wenn auch einfacher Hafen, der außerhalb der Saison beinahe idyllisch zu nennen wäre.

PS. Die vier gelben Tonnen westlich der Hafenansteuerung markieren ein Austernzuchtgebiet.

Nach Langballigau nähern wir uns bald der an der Förde ebenso bekannten wie berüchtigten „Schwiegermutter", der *roten Tonne Nr. 4,* die östlich vom *Flach Holnishake* ausliegt. Warum sie so heißt, ist schwer zu sagen; die einen meinen, weil man sich ihr mit Respekt nähern sollte, die anderen, weil man an ihr nur schlecht vorbeikommt. Sicher ist jedenfalls, wer sie „nicht richtig nimmt", wird schnell auf Schiet sitzen, eben auf dem schon erwähnten Flach Holnishake, das voller dicker Steine ist und bei West weitgehend trockenfällt. Es ist also abseits von jedem Schnack wichtig, schön mittig durch das Tonnentor von *Grün 7* und *Rot 4,* eben der Schwiegermutter, zu fahren.

Sobald man diese kritische Stelle passiert hat, läuft man am besten auf die weiße *Kirche von Rinkenaes* zu, die sehr malerisch in den grünen Hügeln liegt. Mit diesem Kurs bleibt man schön frei von allen Untiefen um *Holnis* und in der *Rinkenaes Bugt.*

Wen es bei der Gelegenheit einmal nach Dänemark zieht, der findet in der Rinkenaes Bugt, an ihrem Ostufer, mit *Marina Minde* einen sehr guten kleinen Yachthafen; er kann auch, wenn er Lust hat, durch die (bewegliche) Brücke von *Egernsund* in das *Nybøl Nor* fahren, einen weiten und tiefen See, wo man viele gute Ankerplätze findet und wo es auch zwei Werften gibt und bei Grasten als Sehenswürdigkeit ein schönes Schloß, die Sommerresidenz

der dänischen Königsfamilie

Rund um dieses Nybøl No stehen eine Unmenge vo Ziegeleien; es gibt wohl kei Haus im nördlichen Schle wig, das nicht mit Ziegeln au Egernsund gebaut wäre.

Die Landschaft um di Halbinsel *Holnis* ist geradez dramatisch: hoch hebt sic Holnis über die hier seh schmale Förde; ihre Nord seite besteht aus einem gewa tigen Kliff, einem steil zur Wasser abfallenden Abbruc aus hellbraunem Lehm.

An der Nordseite von *Ho nis* steht der gleichnamig *Leuchtturm,* der die impo sante Höhe von 32 m hat un auch von der Ostseite vo Holnis aus zu sehen ist: ein ro ter Turm mit zwei weißen Bä dern. Er zeigt seine Sektore feuer zur Holniser Enge hi und nach Westen, auf Flen burg zu, sowie nach Oster über die grüne Halbinsel hi weg.

Wer will, kann sich danac südwärts wenden und sich e nen Liegeplatz in dem kleine Yachthafen

Schausende

suchen, obwohl man so nah vor Flensburg vielleicht liebe gleich dorthin laufen wir oder zum besonders schöne Hafen von Glücksburg.

Schausende ist eine klein Anlage, ein viereckiges Be ken, das tief unter grüne Wällen liegt, also sehr g schützt ist.

Die Ansteuerung füh über ein großes Flach, eine Ausläufer von Holnis. In de gebaggerten Rinne hat ma eine Wassertiefe von gut zwe Metern. Die Rinne ist b tonnt, die Einfahrt etwa schmal.

Im Clubhaus, einem we ßen Kubus, findet man Du schen und WC. Ansonsten i es mit der Versorgung in die sem kleinen, eher ländliche Hafen nicht sonderlich gut b stellt. Er ist wohl mehr etwa für Leute, die hier ihren fe sten Liegeplatz haben.

Die Hochhäuser und di Bungalows verschandel zwar die schöne Landscha ganz beträchtlich, stören e nen aber sonst wenig.

Vielleicht entschließt man sich auch, noch zwei Seemeilen weiter zu laufen und in den wohl besten Hafen der Flensburger Förde zu fahren, den Yachthafen von

Glücksburg,

der landschaftlich ungemein schön an der Mündung des Quellentals liegt, im Westen geschützt durch einen bewaldeten Hügel und nach Osten an das elegante Seebad Glücksburg/Sandwig angrenzend.

Die Bucht ist recht flach, ebenso der westliche Teil des Hafens selbst. Die Ansteuerung ist dennoch ganz einfach, wenn man zunächst die grüne Tonne Glücksburg 1 angeht und von da direkt auf die recht breite Hafeneinfahrt zuläuft. Ob man dann allerdings auch einen Platz findet ist eine andere Frage. Den nicht mehr großen Hafen teilen sich der Flensburger Segelclub und die Hanseatische Yachtschule des DHH (Deutscher Hochseesportverband Hansa"). Am besten legt man sich an den Kopf des einlaufend ersten Steges, rechter Hand: Das ist der Platz, wo man sich beim Zoll melden müßte, falls man zollpflichtige Waren an Bord hat. Die Beamten sitzen in einer winzigen Hütte an eben diesem Steg. Warum man hier eine Zollstelle unterhält, blieb mir immer ein Rätsel, es kann nur ein Zuschußgeschäft sein.

Der Hafenmeister (des Flensburger Segel-Clubs) sitzt an der anderen Seite in einem weißen Campingwagen und wird einem einen Platz zuweisen. Unser Steg ist abgeschlossen, man bekommt dafür vom Hafenmeister extra einen Schlüssel.

Der Segelclub hat am Quellental ein schön gelegenes, elegantes Clubhaus. Es gibt einen Schlipp. Auch könnten notfalls kleinere Reparaturen ausgeführt werden. An die Stege des DHH darf man nicht, auch wenn dort Plätze frei sein sollten; denn die werden alle für die Schuljachten gebraucht, von denen der DHH eine ganze Menge hat, angefangen von Optis

über schöne alte Holzyachten bis zu rasanten Rennziegen.

Der DHH, größter Segelverein innerhalb des Deutschen Segler-Verbands, wurde fernab von hier, weit im Binnenland, genauer: in Berlin, gegründet. Die erste Segelschule wurde 1925 in Neustadt eingerichtet, dann aber 1936 hierher nach Glücksburg verlegt; inzwischen ist sie zur größten Deutschlands geworden. Andere DHH-Schulen gibt es am Steinhuder Meer, am Chiemsee und auf Elba. Die Zahl derer, die „beim DHH", hier in Glücksburg, „ihren" Schein gemacht haben, läßt sich wohl nicht mehr zählen, ob es nun der Jüngstenschein gewesen ist, oder der höchste von allen, der C-Schein, den zu haben jeden Segler adelt.

Vom Hafen aus führt direkt am Wasser entlang ein sehr schöner Spazierweg zum Strand und auch zum Kurpark, an dem das feine Hotel Maritim liegt; geht man noch ein paar Schritte weiter, so kommt man zum Meerwasserhallenbad. Glücksburg ist seit 1872 Seebad und meiner Meinung nach neben Travemünde das eleganteste an der Ostsee, wenn es auch sehr viel kleiner und intimer als dieses ist.

Die größte Sehenswürdigkeit von Glücksburg, das gleichnamige Wasserschloß, erreicht man nach einem langen Spaziergang durch einen parkartigen Wald. Die weiße Glücksburg liegt inmitten eines dunklen, stillen Sees, umgeben von Wäldern; sie steht wie ein Märchenschloß da, ein leuchtend weißer, quadratischer Bau, mit schmucken Türmen an jeder Ecke. Gebaut wurde die Glücksburg gegen Ende des 16. Jahrhunderts von Herzog Hans dem Jüngeren, an dem neben dem Bau dieses Schlosses noch bemerkenswert ist, daß er zum Stammvater der Königshäuser von Dänemark, Norwegen und Griechenland geworden ist, die alle Glücksburger sind. Das Schloß ist teilweise bewohnt, der andere Teil darf besichtigt werden; es besticht auch durch eine gut bewahrte, zumeist im Stil der Renaissance gehaltene Inneneinrichtung.

Hier, auf Schloß Glücksburg, starb 1863 der dänische König Frederik VII. ohne natürliche Erben, so daß die ungeklärte Erbfolge Anlaß zum Deutsch-Dänischen Krieg wurde, an dessen Ende die Dänen ihre beiden Herzogtümer Schleswig und Holstein verloren, und damit notabene auch das schöne Schloß Glücksburg.

Wie gleich noch im einzelnen dargelegt wird, sind die Liegeplätze in Flensburg nicht gerade ideal. Es wäre deshalb eine Überlegung wert, sein Boot hier zu lassen und mit dem Fördedampfer (Anlegestelle am Kurpark) nach Flensburg zu fahren.

Den zwei Seemeilen weiter südwestlich von Glücksburg gelegenen Hafen von

Fahrensodde

anzulaufen ist nicht jedermanns Sache, ähnlich wie bei Schausende. Der Hafen liegt unterhalb von Flensburgs feinstem Villenviertel, der Solitüde, in einer weiten, ziemlich flachen Bucht. Auch im Hafen selbst steht an manchen Stellen so wenig Wasser, daß dort Tonnen ausgelegt werden müssen.

In dem großen, durch Molen gut geschützten Becken haben zwei Segelclubs ihre Stege: im östlichen Teil die Deutschen, mit ihrer „Segelvereinigung Flensburg", und im Westen die Dänen, mit dem „Flensborger Yachtclub", wobei diese Dänen nicht etwa von jenseits der Grenze kommen, sondern zu jener dänischen Minderheit gehören, die in und um Flensburg ansässig ist.

Es gibt einen 10-t-Kran, Duschen, WC und ein recht ansehnliches Clubhaus. Lebensmittel könnte man oben am Berg kaufen. Mit dem Bus kommt man rasch in die Stadt.

Nach Fahrensodde wird man also vielleicht nicht fahren wollen, und nach

Mürwik

darf man nicht, selbst wenn man wollte. Es ist ein Marinehafen, für Zivilisten gesperrt, ein imposanter, schloßartiger Komplex, der sich das steile Ufer hochzieht. Anfang unseres Jahrhunderts im historisierenden Stil jener Zeit gebaut, erinnert er mit seiner Backsteinarchitektur ein wenig an eine ostdeutsche Ordensburg.

Hier, in den oben auf dem Berg gelegenen Marinekasernen, amtierte im Frühjahr 1945 für wenige Tage die letzte deutsche Reichsregierung, nachdem Hitler den Großadmiral Dönitz am 1. Mai zu seinem Nachfolger bestellt hatte. Doch schon sechs Tage später war alles vorbei. Deutschland mußte kapitulieren, aber merkwürdigerweise blieb die „Regierung" Dönitz weiter im Amt, bis sie dann am 23. Mai von den Engländern verhaftet wurde. Flensburg war in jenen Tagen und Wochen voller Flüchtlinge, auch voller Landser, die von den nachrückenden Alliierten auf dieses letzte, noch unbesetzte Fleckchen Land gedrängt worden waren.

Doch nun geht es weiter in die Förde hinein. Was man von

Flensburg

zuallererst zu sehen bekommt, das sind am Nordufer die Schiffswerft und das gewaltige Kraftwerk mit seinen Schornsteinen und am Südufer die grauen, mächtigen Silos; dazwischen hindurch führt unser Weg, hinein in den Hafen von Flensburg, mit dem auch die Förde endet.

Direkt an der Stadt darf man nicht liegen, obwohl es dort genug Plätze gäbe. Doch da die Stadt von nirgendwo schöner anzusehen ist als vom Wasser aus, würde ich ruhig in den Hafen hineinsegeln — was nicht verboten ist —, auch eine Schleife drehen, um dieses einmalige Panorama auf mich wirken zu lassen.

Flensburg ist zu beiden Seiten der hier schon recht schmalen Förde den Berg hochgebaut. Die Altstadt liegt an der Westseite und bietet mit ihrem Gewirr aus roten Ziegeldächern, über dem spitze Kirchtürme emporragen, einen ungemein dichten,

malerischen, beinahe südländisch anmutenden Anblick.

Nach dieser Flensburg-Ehrenrunde wird es dann wohl Zeit, sich einen Liegeplatz zu suchen. Im Stadthafen, insbesondere an der alten Schiffsbrücke, darf man nicht festmachen. Was einem die Hafenstadt Flensburg statt dessen anbietet, ist nicht gerade berauschend.

Es bleibt als erstes der am Ostufer, parallel zur Hafeneinfahrt liegende *Industriehafen*, der ungeachtet dieses Namens fast ausschließlich von Yachten belegt ist. Es handelt sich um einen ehemaligen U-Boot-Hafen; er ist deshalb sehr tief. Seine Umgebung ist laut und ziemlich häßlich, vollgestellt mit Hallen und Lagerplätzen. Auch ist der Weg zur Stadt recht weit und umständlich. Dafür aber findet man an den Schwimmstegen gut geschützte Plätze, und vor allem: eine exzellente Versorgung. Der *Flensburger Yacht-Service*, der auch den Hafen betreibt, bietet von der Seekarte bis hin zur Motorreparatur alles; WCs und Duschen werden deshalb nur der Vollständigkeit halber erwähnt. Auch kann man hier tanken, was sonst in der Flensburger Förde nicht selbstverständlich ist.

Zweite und dritte Möglichkeit: am gegenüberliegenden Ufer, in der Bucht *Galwik*. Dort gibt es Liegeplätze der Stadt, und daneben welche der Firma *Niro-Petersen*, eines gut sortierten Zubehörgeschäfts, das auch die städtischen Plätze mit verwaltet. Und schließlich, direkt neben dem Kraftwerk, doch recht hübsch unter Bäumen gelegen, den Steg der *Wassersportvereinigung Galwik*. Beide Plätze sind nicht sehr geschützt, die Brücke von Niro-Petersen liegt zudem vor alten Lagerhallen. Doch von beiden Häfen hat man es nicht allzuweit in die Stadt. Dies ist ihr größter und wohl auch einziger Vorzug.

Flensburg, die nördlichste Stadt Deutschlands, die sich als „Tor zum Norden" versteht, ist in der Tat eine sehr nordisch anmutende Stadt, eine aber gleichzeitig sehr lebendige, jugendlich wirkende

Stadt, und dies so sehr, da[ß] man sich am Holm, auf de[r] Fußgängerzone, in all de[m] Trubel, wie auf einer südländ[i]schen Plaza vorkomme[n] könnte, wäre da nicht di[e] strenge Architektur einer a[l]ten Stadt des Nordens.

Die Stadt erhielt scho[n] 1284 die Stadtrechte. Dank i[h]rer Lage, vor allem aber w[e]gen ihres natürlichen, gute[n] Hafens, nahm sie bald ein[e] günstige Entwicklung. O[b]wohl Flensburg nicht de[r] Hanse angehörte, spielte e[s] im Ostseeraum schon frü[h] eine wichtige Rolle, die i[n] dem gleichen Maße an Bede[u]tung zunahm, wie die Hans[e] an Einfluß verlor. Dan[k] holländischer Einwandere[r] konnte die Stadt im 16. un[d] 17. Jahrhundert über die Ost[see] hinaus Handelsbeziehun[gen] zu überseeischen Län[dern] knüpfen, vor allem m[it] den Westindischen Inseln, d[ie] die Holländer durch ihr[e] „Westindische Compagnie" auf das Beste kannten. Im 1[7]. Jahrhundert hatte Flensbur[g] mit 310 Schiffen die größ[te] Handelsflotte im ganzen Os[t]seeraum. Aus dieser Ze[it] stammt auch sein Ruf a[ls] Rumstadt. Das hochproze[n]tige Produkt wurde aus Wes[t]indien importiert, hier weite[r] verarbeitet, um anschließe[nd] mit Profit wieder ausgefüh[rt] zu werden, vor allem zu de[n] skandinavischen Nachbar[n], Zollschranken und ähnlich[e] Handelshemmnisse galt es d[a]bei nicht zu überwinde[n], denn Flensburg gehörte j[a] zum Königreich Dänemar[k/] Norwegen. Noch immer gi[bt] es in der Stadt an der Förde [3] Rumhandelshäuser. In de[m] Zusammenhang darf wo[hl] auch nicht der Bommerlu[n]der unerwähnt bleiben, de[r] Große Klare aus dem N[or]den, der hier seit 1760 nach e[i]nem streng geheimgehaltene[n] Rezept hergestellt wird.

Einen schweren Rüc[k]schlag erlitt die Stadt durc[h] den Deutsch-Dänischen Krie[g] von 1864. Zusammen mit de[m] Herzogtum Schleswig war s[ie] an Preußen gefallen und d[amit] mit schlagartig ihrer traditi[o]nellen Absatzmärkte verlore[n] gegangen. Wohl zum Au[s]gleich für diese Randlag[e] wurde sie 1872 Marinegarn[ison]

on und Sitz der Marineschule
in Mürwik.

Nach dem Ersten Weltkrieg konnte die Bevölkerung frei entscheiden, ob sie wieder zu Dänemark zurückkehren oder im Reich verbleiben wollte. In dieser Volksabstimmung von 1920 entschied sich die Mehrheit dafür, deutsch zu bleiben, wie umgekehrt das nördliche Schleswig mehrheitlich zurück zu Dänemark wollte, und so geschah es denn auch. Nun gibt es beiderseits der Grenze starke nationale Minderheiten, die komplizierte, aber keineswegs unfriedliche Verhältnisse schufen.

Von den derzeit knapp 100000 Einwohnern Flensburgs sind etwa ein Fünftel „dänisch gesinnt", wie es hier heißt. Diese deutschen Dänen (oder dänischen Deutschen) haben eigene Schulen, eigene Kindergärten und auch eine eigene Kirche sowie eine eigene Zeitung, den dänischsprachigen „Flensborg Avis".

Ein Fünftel scheint kein sehr hoher Anteil zu sein, und dennoch meint man, am Holm, der Fußgängerzone, manchmal mehr Dänisch zu hören als Deutsch. Das sind dann aber zumeist „echte" Dänen, die nach Flensburg zum Einkaufen kommen; die Grenze ist ja nicht weit entfernt.

Die Stadt hat nicht viel Industrie und leidet deshalb unter einer beträchtlichen Arbeitslosigkeit. Der Handel ist noch immer der größte Arbeitgeber, dann spielt die Bundesmarine eine große Rolle, ebenfalls das Kraftfahrtbundesamt, und neuerdings, was die jugendliche Atmosphäre der Stadt auch stark prägt, die Pädagogische Hochschule, eine Technische Fachhochschule und die in Gründung begriffene Nordische Universität.

Der alte Teil der Stadt liegt an der Westseite des Hafens. Hier zieht sich quer durch die ganze Stadt eine, wie es scheint, endlose Fußgängerzone, die zu jeder Jahres- und Tageszeit voller Leben ist, mit hocheleganten Geschäften, aber auch mit Würstchenbuden, mit stolzen Patrizierhäu-

sern, aber auch mit häßlichen Kaufhausklötzen. Die Flensburger sind sehr stolz auf diese Straße, was man schon verstehen kann.

An dieser Fußgängerzone liegen die hervorragendsten alten Bauwerke der Stadt: das Heilig-Geist-Hospital, ein ehemaliges Franziskanerkloster, dann die gotische Marienkirche, deren Turm allerdings erst aus den Jahren 1878/80 stammt, die ebenfalls gotische St. Nikolai-Kirche und schließlich das wuchtige, aus Backstein gebaute Nordertor, über das die Stadt aber längst hinausgewachsen ist.

Links und rechts von dieser Straße liegen schmale Gassen und malerische Höfe, zum größten Teil auf das Schönste renoviert, wo man allerlei Krimskramsläden, Kneipen und Galerien entdecken kann.

Eine dieser Gassen, der Oluf-Samson-Stieg, führt schnurstracks hinunter zum Hafen, zur früheren Schiffsbrücke. Es ist die Gasse der roten Laternen, die hier im dänisch angehauchten Flensburg aber gar nichts Verruchtes an sich hat. Die oft schon etwas angejahrten Damen dieses ältesten Gewerbes sitzen hinter ihren Fenstern, meist strickend und den Vorbeischlendernden ein gutmütiges „Moin" zunickend, das man dann auch höflicherweise mit „Moin Moin" erwidert.

Unten, an der Schiffbrücke, stehen noch viele alte Häuser. Eines davon ist das neue Flensburger Schiffahrtsmuseum, das man besuchen sollte, wenn man in der Stadt ist. Dann gibt es noch ein paar Diskotheken, einige schräge Kneipen und ein paar unsägliche Nachtclubs; genauso wie der Oluf-Samson-Stieg wirkt das alles eher rührend denn sündig.

Vor dem Schiffahrtsmuseum wurde ein Museumshafen eingerichtet mit einer beträchtlichen Zahl alter, knarrender Segelschiffe, die alle in Privatbesitz sind und durchaus noch auf Fahrt gehen. Zu der alljährlich stattfindenden Rum-Regatta kommen auch viele Dänen mit ihren alten Schiffen nach Flensburg.

Die Rückfahrt

Wahrscheinlich wird man die 20 Seemeilen Richtung Ostsee leicht in einem Tag absegeln. Doch was dann? Will man nicht noch einmal nach Schleimünde, dann wird es von der Förde bis zum nächsten Hafen doch ein weiter Schlag werden, und dies, wenn man schon 20 Seemeilen in den Knochen hat. Warum also nicht für diesen Tag Schluß machen und einen Abstecher nach Dänemark und da wieder am besten nach Sönderborg ins Auge fassen?

Wenn man von der *Huk Borreshoved*, statt weiter ostwärts zu fahren, sich nordwärts wendet, so hat man nach Sönderborg nur noch fünf Seemeilen vor sich, genausoviel, wie es bis zum Kalkgrund-Leuchtturm wäre.

Sönderborg liegt ungemein malerisch an der Mündung des Als-Sunds. Das rote Schloß der Sönderborger Herzöge steht wuchtig und beherrschend unten am Wasser; meist kann man es schon von weither sehen. Am westlichen Ufer des Als-Sunds, genau gegenüber von Sönderborg, entschied sich der Deutsch-Dänische Krieg, als es den Preußen nach dreiwöchiger Beschießung endlich am 18. April 1864 gelang, die Düppeler Schanzen, ein mächtiges Festungswerk, zu stürmen. Im Sönderborger Schloß sind in einem Museum diese Ereignisse eindrucksvoll dargestellt.

Man findet landschaftlich sehr schöne Liegeplätze im neuen Yachthafen von Sönderborg, der außen an der Sönderborg Bugt liegt.

Wer mehr die Atmosphäre der alten Stadt erleben will, sollte in den Stadthafen hinter dem Schloß fahren und dort festmachen.

Nautische Unterlagen: Entweder die Seekarte Nr. 26 des Deutschen Hydrographischen Instituts, „Flensburger Förde", oder die Karte S 4, „Flensburger Förde", aus dem Sportschifferkartensatz „Kieler Bucht – Rund Fünen"; erstere hat einen Maßstab von 1:50000, letztere von 1:80000.

Der Fehmarnsund im goldenen Licht eines Spätsommerabends. Die Fehmarnsundbrücke wurde 1963 gebaut. Vorher fuhren Fähren von Großenbrode (gegenüber) nach Fehmarn. In dem ehemaligen Fährhafen hat sich inzwischen eine Bootswerft eingerichtet.

Von der Kieler Förde nach Fehmarn

4

DIE INSEL DER SUND

In landschaftlich reizvoller Umgebung: die Marina Wendtorf. Ein moderner, großzügiger Hafen mit guten Versorgungsmöglichkeiten.

1 Lippe, ein einfacher, ländlicher Hafen, der „hinter" dem Schießgebiet der Hohwachter Bucht liegt.

2 Steilküste an der Hohwachter Bucht.

3 Nur eine schmale Rinne führt durch das seichte Haff nach Heiligenhafen.

4 Orthmühle, kleiner Werfthafen vor Heiligenhafen.

1 *Der neue Yachthafen von Heiligenhafen. Viel Platz, und auf Graswarder zu auch eine reizvolle Landschaft. Zum Sandstrand nur ein paar Meter.*

2 *Alle Häfen von Heiligenhafen. An den Stegen des Segelclubs (vorne) findet man nur selten einen freien Platz. Besser steuert man gleich den neuen Yachthafen an.*

3 *Das Pendant zu Graswarder: der Krummsteert auf Fehmarn. Ein Strandwall genau gegenüber. Vorne der Leuchtturm Flügge. In der Ferne ist trotz des Dunstes die Brücke über den Fehmarnsund zu erkennen.*

1 und 2 *Großen-brode Fähre: Von diesem Hafen fuhren früher die Fähren hinüber nach Fehmarn. Inzwischen ist daraus ein kleiner, einfacher, doch recht gemütlicher Hafen geworden: die Marina Fehmarnsund. Die Einfahrt ist ziemlich verwinkelt.*

3 *Hier legten die Fähren auf Fehmarn an. Inzwischen hat sich dort eine Bootswerft etabliert.*

1 und 3 *Burgtiefe. Eine Supermarina, über die die Meinungen auseinander gehen. Viel Platz, gute Versor-* *gung. Gäste sollten am Rundsteg nach einem Liegeplatz suchen. Zum Badestrand sind es nur ein paar Schritte.* **2** *Die Einfahrt in den Burger See, ein großes flaches Gewässer.*

1 *Burgstaaken. Man kann in den Werfthafen oder in den Handelshafen (links).*

2 *Staberhuk. Östlichster Punkt der Bundesrepublik. Der Leuchtturm ist als Landmarke und Leuchtfeuer gleichermaßen wichtig.*

3 *Puttgarden. Hier legen nur die Fähren an.*

1 *Flach und sich ständig verändernd die Küste an der Nord- und Westseite von Fehmarn. Hier mit dem Salzensee (vorne) und dem Nördlichen Binnensee. Dicht hinter dem schützenden Deich steht an dieser nördlichsten Kante der Insel der Leuchtturm Wester-markelsdorf.*

2 *Orth, an der gleichnamigen Bucht. Ein langer Hafen-schlauch. Früher Ladehafen, jetzt fast nur noch von Booten frequentiert.*

1 Blick vom Fehmarnsund auf Heiligenhafen und den Graswarder.

2 Orth. Seit 70 neue Liegeplätze geschaffen wurden, müßte man auch in den Urlaubswochen hier immer unterkommen können.

3 Lemkenhafen, der andere Hafen in der Orther Bucht: ein ländlich-einfacher Dorfhafen. Man sollte sich in der Einsteuerung sauber in der Rinne halten. Die Orther Bucht ist flach und voller Steine.

Wenn wir von der Kieler Förde unseren Kurs ostwärts setzen, zur Hohwachter Bucht hin, und nach Fehmarn, dann heißt es: Vorsicht, Granaten! Denn in der Hohwachter Bucht liegt ein großes Schießgebiet der Bundesmarine, das wir sorgfältig umfahren müssen. Sehr gut werden wir dann in Heiligenhafen liegen, wo hinter einer langen Nehrung neben dem alten Stadthafen ein großer Yachthafen entstanden ist. Durch den schmalen Fehmarnsund mit seiner eleganten Bogenbrücke laufen wir nach Burgtiefe, dem größten Bootshafen von Fehmarn, einer großzügig angelegten, eleganten Marina. Sehr viel einfacher, ja ländlicher sind die beiden Häfen Orth und Lemkenhafen, die dafür in einer besonders schönen Umgebung liegen. Fehmarn, eine große, grüne Insel, eine Bauerninsel, ist einen etwas längeren Aufenthalt wert.

Ausgangs der Kieler Förde, am Ostufer, und zwar fast genau gegenüber von Schilksee, liegt mit der

Marina Wendtorf

ein ziemlich großer, recht guter Yachthafen. Vier graubeige Apartmenthäuser, eines davon etwas größer als die anderen, geben eine deutliche, vor dem flachen Ufer weithin sichtbare Landmarke ab.

Man sollte in der Förde bis zur roten *Spiere Nr. 4* und von da mit Kurs 150° auf die rote *Leuchttonne Wendtorf 2* zuhalten. Bis dorthin hat man noch viel Wasser. Der Tonnenstrich führt danach über ein Flach mit zum Teil extrem geringen Wassertiefen. In der Baggerrinne kann man mit einer Tiefe von gut 2,5 m rechnen, nicht jedoch zwischen den Tonnen 5 und 7, weil sich hier ein Sand ein Stück in die Fahrrinne hineingeschoben hat; an dieser Stelle muß man einlaufend etwas mehr nach Backbord halten.

Der Hafen liegt in einem sehr seichten Haff, das sich hinter einem Naturschutzgebiet, der flachen Halbinsel *Bottsand*, erstreckt. An den Stegen betragen die Wassertiefen zwischen 2,6 und 3,1 m.

Wendtorf ist eine jener Bettenburgen, wie sie noch vor wenigen Jahren vielerorts an der Ostsee in Mode gekommen waren; mittlerweile ist man über solche Projekte hinweg, aber die damals gebauten stehen immer noch herum. Die Marina ist eine kleine Stadt, mit allerlei Läden, auch einem Friseur, natürlich einem Restaurant usw. – eine riesige, etwas kahl wirkende Anlage.

Dennoch liegt man hier nicht schlecht, zumal auch die Versorgung sehr gut ist; unter anderem kann eine Werft Reparaturen ausführen.

Bei schönem Wetter für einen Badeaufenthalt gut geeignet.

Vorsicht: Granaten!

Etwa zwei Kilometer nordöstlich vom Hafen steht ein Mast, an dessen Spitze zuzeiten Lichtsignale aufleuchten: Es handelt sich um die *Warnstelle Heidkate*, von deren Art es an der *Hohwachter Bucht* insgesamt sechs an der Zahl gibt. Sie zeigen an, wann im *Schießgebiet Hohwachter Bucht* geschossen wird und deshalb nicht gefahren werden darf. Von West nach Ost handelt es sich um die schon erwähnte Warnstelle *Heidkate*, dann *Hubertsberg*, *Lippe* (im Bau), *Wesseck*, *Blanckeck* und *Heiligenhafen*. Sie alle sind in der Seekarte eingezeichnet, ebenso wie die *Schießgebiete Todendorf* und *Putlos*: Man muß damit rechnen, daß in der Woche hier täglich geschossen wird, manchmal auch nachts, am Samstag allerdings nur bis 14.00 und sonntags überhaupt nicht.

Die genauen Schießzeiten sind an den Hafenbüros angeschlagen oder können dort erfragt werden.

Sobald die Warnlichter gezeigt werden, muß man schnellstens die Warngebiete verlassen, darf natürlich auch nicht mehr hineinfahren, denn ein Aufenthalt dort wäre jetzt lebensgefährlich.

Sieht man an allen sechs Signalstellen einen gelben Blitz, alle fünf Sekunden wiederkehrend, dann bedeutet dies die Sperrung der Warngebiete Putlos *und* Todendorf.

Sieht man dieses Blitzfeuer hingegen nur an den Warnstellen Heidkate und Hubertsberg, an den Signalstellen (Lippe), Wesseck, Blanckeck und Heiligenhafen aber ein Wechselfeuer gelb/grün, Wiederkehr ebenfalls fünf Sekunden, dann wird nur im Warngebiet Todendorf geschossen, während das Gebiet südlich davon befahren werden darf, etwa die Ansteuerung des Hafens von Lippe.

Die Warngebiete Todendorf und Putlos sind auf See mit gelben Spierentonnen markiert, die ein liegendes Kreuz als Toppzeichen tragen; sie sind gekennzeichnet mit T (= Todendorf) *1 bis T 15*, bzw. P (= Putlos) *1 bis P 13*.

Soweit ist alles klar.

Nun findet man aber in der Seekarte ein weiteres Gebiet, das sich beträchtlich weiter seewärts erstreckt und das als

Nördlicher Gefahrenbereic[h] ausgewiesen ist. Es wird b[e]grenzt von insgesamt neu[n] gelben *Leuchttonnen* mit de[r] Bezeichnungen *H 1 bis H 9*.

Was hat es nun damit a[uf] sich? In einschlägigen Unte[r]lagen heißt es, man *sollte* di[e]sen Gefahrenbereich *mö[g]lichst* meiden. Eine Angab[e] so unkonkret, daß man mit ih[r] wenig anzufangen weiß: de[n] *darf* ich nun durch dieses G[e]biet fahren, oder *sollte* ich n[ur] dürfen?

Wer das Revier kennt, de[r] weiß, daß in diesem Nörd[li]chen Gefahrenbereich K[ü]stenwachboote kreuzen, d[ie] jedes Boot auffordern, da[s] Gebiet sofort zu verlasse[n] (wenn in den Warngebiete[n] geschossen wird). Weige[rt] man sich, wird man kurze[r]hand auf den Haken genom[m]en und hinausgeschleppt.

Also doch Fahrverbo[t?] Nein und ja. Es ist so: D[ie] Warngebiete Putlos und T[o]dendorf erstrecken sich gena[u] drei Seemeilen seewärts, li[e]gen also innerhalb der trad[i]tionellen Drei-Meilen-Zo[ne] und gehören somit zum H[o]heitsgebiet der Bundesrep[u]blik.

Der Nördliche Gefahrenb[e]reich reicht aber zwölf Se[e]meilen weit seewärts; das ent[?]spricht dem von vielen Sta[a]ten, etwa der DDR, bea[n]spruchten Hoheitsgebiet de[r] Zwölf-Meilen-Zone. Di[e] Bundesrepublik ist (bislang[,] bei der Drei-Meilen-Zone g[e]blieben, hat also genau ge[?]nommen jenseits davon kein[e] Hoheitsrechte. Nun wäre e[s] wohl dumm, auf die Freihe[it] der Meere zu pochen und de[s]halb im Nördlichen Gefahre[n]bereich zu segeln. Die Bu[n]desmarine scheucht uns [ja] auch nicht hinaus, weil sie u[ns] schikanieren, sondern weil s[ie] uns vor möglichen Gefahre[n] schützen will.

Ergo: Werden die entspr[e]chenden Signale gezeig[t,] dann bleibt man eben auße[r]halb des Nördlichen Gefa[h]renbereichs, zumal der Um[?]weg gar nicht so groß is[t.] Würde man nämlich von de[r] *Kieler Förde* auf kürzeste[m] Weg zum *Fehmarnsund* fa[h]ren, so wären das 26 Seeme[i]len, fährt man aber „auße[n] herum“, immer an den *gelbe[n] onnen H 1 bis H 9 entlang, so at man etwa 30 Seemeilen zu egeln. Lohnt sich wegen der mpigen vier Seemeilen der rger, den man mit Sichereit bekommt, wenn man in en Gefahrenbereich hineinihrt? Wohl kaum.

Wegen der Sperrgebiete ommt man also dem Ufer er *Hohwachter Bucht* nicht ehr nahe, sieht davon nicht ehr als einen fernen, dunken Strich; erst wenn man sich em *Fehmarnsund* nähert, ommt wieder eine deutliche andmarke in Sicht: der ächtige Gebäudekomplex es *Ferienzentrums Heiligenafen*, das etwas westlich des leichnamigen Städtchens nd Hafens liegt.

Vor Jahren hatte eine große eutsche Illustrierte einen Becht über diese Bettenburg ebracht, der in jeder Bezieung vernichtend war. Mich atte dieser Bericht damals so eeindruckt, daß ich um

Heiligenhafen

immer einen weiten Bogen machte. Das hat sich gründlich geändert, seit ich es aus eigener Anschauung kenne. Hafen und Stadt liegen an einem eher flachen Haff, vor dem sich eine fünf Kilometer lange Landzunge, eine Nehrung, erstreckt. Im westlichen Teil heißt sie *Steinwarder*, im östlichen *Graswarder*. Davor wiederum liegt ein Flach von beträchtlichen Ausmaßen, allerdings auch für Sportboote ausreichenden Wassertiefen, so daß man ruhig darüber segeln kann; nur bei auflandigem Wind würde ich es meiden. Kritisch in jeder Beziehung wird dieses Flach erst in seinem östlichen Teil, der passenderweise *Schabernack* heißt. Hier muß man aufpassen und sich nach den Tonnen richten: aus der Hohwachter Bucht kommend sollte man

zuerst die *r.w. Tonne Nr. 4* des *Kiel-Fehmarnsundwegs* anliegen und danach mit Kurs ESE auf die *s.g. Spiere Heiligenhafen N* und anschließend auf die *s.g.s. Heiligenhafen O* zulaufen; beide halten einen sauber frei von der Untiefe Schabernack, auf der massenhaft Steine liegen. An der *grünen Tonne Heiligenhafen 1* beginnt dann der Tonnenstrich, der schnurgerade in die Hafenbucht hineinführt, die so flach ist, daß man tunlichst exakt im Tonnenstrich fährt.

In Heiligenhafen gibt es — den Fischer- und Handelshafen unterhalb des Silos einmal nicht gerechnet — drei Häfen für Sportboote:
- den *Werfthafen Orthmühle*, den man als ersten erreicht, der aber etwas weit vor der Stadt liegt;
- im Südosteck des Fischerhafens die Stege des *Segelclubs*, wo man selten einen freien Platz findet;

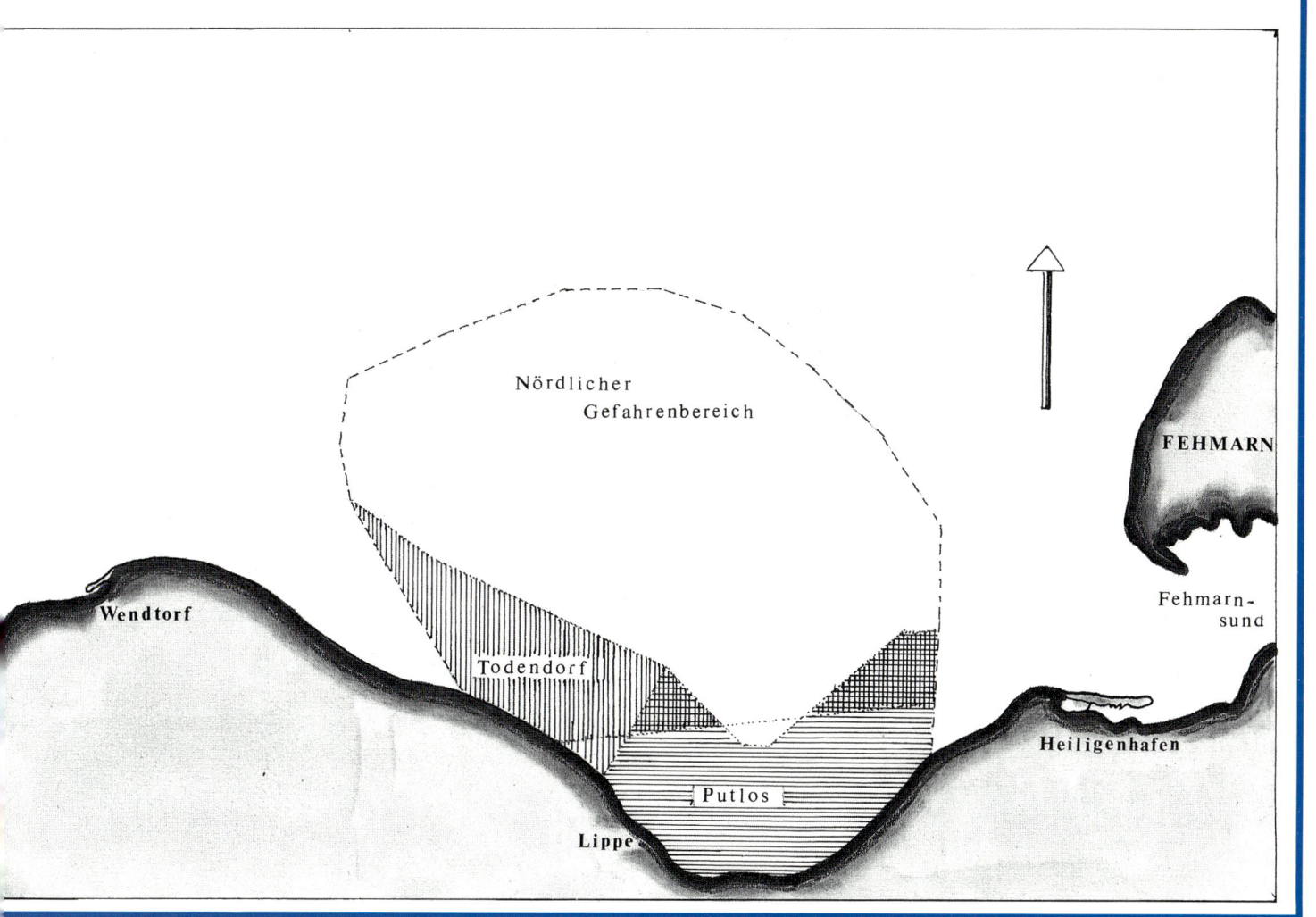

– und als letzten den großen *städtischen Yachthafen* ganz am Ende der Hafenbucht, wo es weiter nicht mehr geht.

Der städtische Yachthafen ist ohne Zweifel der beste Liegeplatz, zumal man an einem der elf Stege noch am ehesten eine freie Box (grünes Schild) findet.

Die Wassertiefen sind überall ausreichend. Man darf nur nicht über die grünen Spieren hinausfahren, die das ausgebaggerte Hafenbecken von dem flachen, natürlichen Teil des Haffs abgrenzen. Der Hafenmeister kommt abends zum Kassieren des Liegegelds. Die Versorgung ist durch die Bank sehr gut. Am Fischerhafen findet man ein wohlsortiertes Zubehörgeschäft. Reparaturen läßt man am besten bei der Werft Hinkeldey in Orthmühle ausführen.

Man kann es in diesem an sich nüchternen, großen Hafen gut etwas länger aushalten. Zum Strand, der sich bis zum Ferienzentrum hinzieht, hat man nur ein paar Schritte. Über die flache Halbinsel Graswarder hinweg sieht man auf den Sund und hinüber zur Orther Bucht, doch davon später mehr.

Graswarder mit seinen Reetdachhäusern und den freilaufenden Ponies erinnert ein bißchen an eine ostpreußische Landschaft, an die Kurische Nehrung etwa. Es ist ein sehr flacher Strandwall, der sich im Laufe der Zeit aus einem Sandriff gebildet hat. Solche Haken sind typisch für die Ostseeküste; einen kennen wir schon von Schleimünde her, ein anderer liegt genau gegenüber: der Krummsteert von Fehmarn. Graswarder ist Vogelschutzgebiet.

Von unserem, dem Yachthafen, hat man nur ein paar Schritte zu gehen, und man ist schon mitten in dem kleinen Städtchen, das überraschend ansprechend wirkt, mit seinen engen, winkeligen Gassen und dem von Bäumen beschatteten Marktplatz. Hier gibt es keine großen Sehenswürdigkeiten, das gilt selbst für die alte, gotische Backsteinkirche. Was dieses Hafenstädtchen so angenehm macht, das ist seine Atmosphäre, eine Mischung aus Behäbigkeit und sommerlichen Trubel, eine Atmosphäre zu der auch die vielen Geschäfte, die Straßencafes und teilweise sehr guten Restaurants beitragen – und natürlich die Sommergäste, die gutgelaunt durch die engen Gassen schlendern.

Heiligenhafen ist eine alte Ansiedlung, prädestiniert durch die natürliche, geschützte Hafenbucht. Um 1250 bekam es die Stadtrechte, zusammen mit Kiel, Neustadt und Lübeck. Fischerei und Schiffahrt wurden bald zu den Haupteinnahmequellen. Mit dem Fernhandel klappte es nicht so gut, in dieser Beziehung war die Hansestadt Lübeck einfach übermächtig; aber als Ausfuhrhafen für die Produkte des Hinterlandes hatte Heiligenhafen doch eine gewisse Bedeutung im Ostseeraum.

Nach einigen beschaulichen Hafentagen sind wir auf der Weiterreise. Die den

Fehmarnsund

überspannende Bogenbrücke vermittelt einen nachhaltigen Eindruck. Sie ist eine ebenso markante wie weithin sichbare Landmarke, ein elega[n]tes, kühnes Bauwerk, da[s] 1963 fertiggestellt wurde un[d] den alten Fährbetrieb übe[r] den Sund ablöste. Jetzt ka[nn] der Verkehr von der E 4 ung[e]hindert nach Fehmarn fließe[n] und von dort mit den große[n] Fähren weiter nach Dän[e]mark hinübersetzen. Dies[e] wichtige Verbindung zw[i]schen Skandinavien und de[m] Kontinent heißt Vogelflug[li]nie, weil sie in etwa dem Zu[g] der Vögel aus dem europä[i]schen Norden folgt.

Im Sommer rollt über di[e] Brücke ein nicht endenwo[l]lender Strom von Autos, n[e]ben denen noch die große[n] Fernzüge hinüberdonner[n]. Kaum vorstellbar, daß dies[er] unglaubliche Verkehr frühe[r] von Fähren bewältigt werde[n] konnte; denn immerhin mu[ß]ten auch die großen Züg[e] über den Sund gesetzt we[r]den, der – und dies werde[n] wir vielleicht noch merken [–] ein zuweilen ganz tückisch[es] Gewässer sein kann.

Der Fehmarnsund ist ei[ne] ziemlich stark frequentier[te] Wasserstraße; für alle Schiff[e,] die zwischen Kieler Buc[ht] und Mecklenburger Bucht u[n]terwegs sind, bedeutet er ei[ne] erhebliche Abkürzung.

Von Westen her führt z[u]

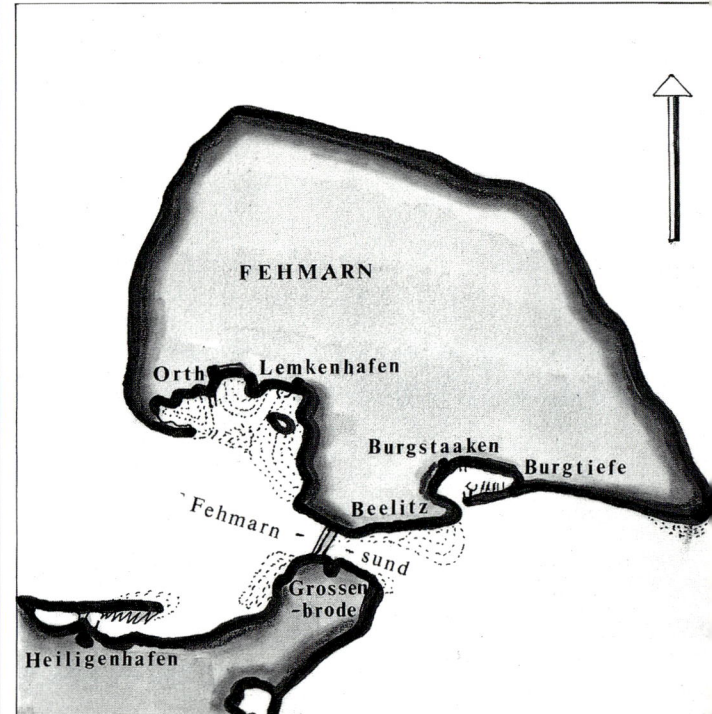

ächst eine natürliche, tiefe Rinne in den Sund; sie endet vor dem flachen, steinigen *Mittelgrund*, den man nur in einer etwa 50 m breiten Baggerrinne queren kann.

Wie bei jeder Enge, so bekommt man es auch hier unter bestimmten Umständen mit einem beträchtlichem Strom zu tun, der am stärksten bei SW- bzw. NE-Winden setzt und dann Geschwindigkeiten von 2 bis 2,5 sm/h erreicht. Schon das ist eine ganze Menge, doch sollen sogar gelegentlich um 4 sm/h gemessen worden sein. Das sind Verhältnisse, die einem in diesem engen Fahrwasser schon zu schaffen machen können.

Die Wassertiefen in der Fahrrinne müßten für eine Yacht allemal reichen, in der Baggerrinne, östlich der Brücke, betragen sie mindestens 3,8 m. Bei SW kann der Wasserstand allerdings um 1 m fallen, wie er umgekehrt bei NE um ebenfalls einen Meter steigen kann.

Die Brückendurchfahrtshöhe beträgt 23 m.

Direkt am Sund liegen zwei kleine Häfen, und zwar beide östlich der Brücke. Der eine, der *Hafen der Beelitz-Werft*, wird später mit den Häfen auf Fehmarn beschrieben; dem anderen, dem alten

Fährhafen Großenbrode,

sollen hier einige Worte gewidmet sein; der Hafen liegt etwa 500 m östlich der Brücke. Am besten steuert man ihn mit Kurs Süd an (auffallend der hellgrün gestrichene Kran), denn links und rechts davon liegen Steine im Wasser. Es gibt einen Vorhafen, mit dem alten Fähranleger, und dann den eigentlichen Bootshafen, den man nur durch eine etwas schräge, enge Einfahrt erreichen kann: ein langes, sehr schmales Becken mit Stegen an beiden Seiten. Es ist ein − trotz der nahen Brücke − einsamer Platz, ein einfacher, ländlicher Hafen, der von der (privaten) Marina Fehmarnsund verwaltet wird. Die Versorgung ist recht ordentlich: Wasser ebenso wie Strom an den Ste-

gen, dazu Duschen und WCs; außerdem gibt es einen 8-t-Kran.

Etwas für Leute, die auf großen Komfort keinen besonderen Wert legen.

Daß die

Insel Fehmarn

ein so beliebtes Ziel unter Fahrtenseglern geworden ist, verdankt sie zuallererst ihrer günstigen Lage: am Schnittpunkt von Kieler Bucht, Mecklenburger Bucht und den dänischen Gewässern gelegen, ist sie der gegebene Ort für einen Zwischenstopp, mehr aber meist auch nicht. Sieht man sich in den Häfen ein wenig um, dann fällt doch auf, daß die meisten im Cockpit hocken bleiben und nur wenige sich dazu aufraffen, sich die schöne Insel etwas näher anzusehen. So entgeht vielen der − zugegeben mehr stille − Reiz dieser einzigen Insel in der Ostsee, die zur Bundesrepublik gehört.

Fehmarn ist eine recht große Insel; ihre Fläche umfaßt 185 Quadratkilometer, das ist etwa soviel, wie Sylt und Föhr zusammen haben. Sie hat eine ziemlich kompakte Form mit gleichmäßig verlaufenden Ufern; nur im Süden schneiden zwei Buchten tief ins Land ein, die *Orther Bucht* und der *Burger See*. Von Ost nach West mißt sie 16,5 km, von Nord nach Süd 13 km.

Die Touristen nicht mitgezählt, leben auf der Insel etwa 14 000 Menschen, die Hälfte davon in Burg, dem Hauptort der Insel; die andere Hälfte verteilt sich auf 42 Dörfer.

Wieder einmal vom Tourismus abgesehen, leben die meisten Inselbewohner von der Landwirtschaft: Fehmarn ist ein fruchtbare Insel, seit altersher eine Kornkammer Schleswig-Holsteins; also eine Bauerninsel. Mit der Seefahrt hatten die Fehmarner nie viel im Sinn, auch nicht mit der Fischerei. Die spielte erst eine Rolle, als nach dem Zweiten Weltkrieg sich hier Fischer aus Pommern und vor allem aus Ostpreußen niederließen.

Eine grüne, eher flache Insel, auch wenn der höchste Punkt 29 m Höhe mißt. Nur im Osten eine Kliffküste, alle anderen Küsten sind so flach, daß sie durch Deiche geschützt werden müssen.

Es gibt auf Fehmarn kaum zusammenhängende Waldgebiete, dafür die für Schleswig-Holstein typischen Knicks, die wildwuchernden Schutzhecken zwischen den Feldern.

Daß diese fruchtbare Insel schon früh von Menschen besiedelt war, ist sicher, wenn es auch kaum Spuren davon gibt. Geschichtskundig wurden Slawen, die sich hier im 8. Jahrhundert niederließen. Von ihnen hat die Insel auch ihren Namen; sie nannten sie „Vermorje", was „mitten im Meer" bedeutet, woraus sich dann im Lauf der Zeit das heute gebräuchliche Fehmarn entwickelt hat.

Im Laufe der Jahrhunderte wechselten sich Deutsche und Dänen immer wieder in der Herrschaft über die Insel ab; zeitweise war sie lübsches Lehen. 1864 kam sie zusammen mit dem Herzogtum Schleswig an Preußen. Seit 1946 gehört sie zum Bundesland Schleswig-Holstein.

Speziell für Segler wissenswert: Der Landgrund steigt fast überall steil an, die 4-m-Linie verläuft zumeist dicht vor dem Ufer, so daß man recht nahe ans Land heranfahren kann; allerdings liegen direkt vor dem Ufer massenweise große Steine im Wasser.

Flach ist es eigentlich nur in den beiden Buchten der Insel, der *Orther Bucht* und dem *Burger See*, und an dem sich östlich der Fehmarnsund-Brücke ausbreitenden *Mittelgrund*, während der große *Flüggesand* im Westen der Insel für Yachten ausreichende Wassertiefen aufweist.

Abgesehen von den beiden Buchten verlaufen die Ufer ziemlich gleichmäßig; sie bieten nirgendwo einen geschützten Platz.

Alle für Boote in Frage kommenden Häfen liegen an der Südseite, also zum Fehmarnsund hin. Weder die Ost- noch die Westküste haben einen Hafen. Der Hafen der Nordküste, *Puttgarden*, ist ein reiner Fährhafen und für

Yachten absolut nicht geeignet.

An jeder „Ecke" der Insel steht ein Leuchtturm: an der SW-Huk der *Leuchtturm Flügge*, an der NW-Spitze der *Leuchtturm Westermarkelsdorf*, an der NO-Huk und dicht bei Puttgarden der *Leuchtturm Marienleuchte*, und schließlich an der SO-Huk der *Leuchtturm Staberhuk* —er ist gleichzeitig der östlichste Punkt der Bundesrepublik. *Strukkamphuk* ist ein Sonderfall, er dient der Durchsteuerung des Fehmarnsunds.

Von den Häfen an der Südküste ist

Burgtiefe

sowohl der mit Abstand größte als auch der modernste. Kommt man von Süden, von Osten oder von Norden, dann wird man wohl immer zuerst Burgtiefe anlaufen. Zusammen mit *Burgstaaken* (siehe unten) liegt er am *Burger See*, einem großen, extrem flachen Gewässer, das man nur in den betonnten Rinnen befahren kann. Von See her ist Burgtiefe leicht auszumachen, nämlich an einer ganzen Reihe von weißen Apartmenthäusern und Hotels, wobei die höchsten am östlichen Ende der Reihe stehen, während die Einfahrt sich westlich des riesigen Gebäudekomplexes befindet. Man sollte mit Kurs NW auf die Einfahrt zulaufen, um so von allen Untiefen frei zu bleiben; sie wird von zwei Steinmolen geschützt. Auf der längeren Ostmole steht das *Sektorenfeuer Burgstaaken*. Die Baggerrinne ist etwa 50 m breit und mit dichtstehenden Tonnen markiert.

Über den riesigen Yachthafen, der insgesamt 600 Liegeplätze haben soll, gehen die Meinungen ziemlich auseinander; die einen finden ihn zusammen mit den Apartmenthäusern steril, langweilig und bar jeder Hafenromantik, andere sehen in ihm das, was er letztlich ist, eine perfekte Marina, wo man auch alle Badeeinrichtungen des Südstrandes mit nutzen kann. Ich muß sagen, daß ich mich zur zwei-

ten Gruppe schlage. Mir hat die allerdings etwas große Anlage mit ihren adrett weiß gestrichenen Stegen immer gut gefallen, auch die fröhliche Urlaubsatmosphäre: Man kann doch hier jede Menge Zerstreuung finden — der Südstrand mit seinem feinen Sand ist eben *der* Badeplatz von Fehmarn, wenn auch nur mit Kurtaxe zu betreten.

Die Versorgung für Schiff und Crew ist rundum gut. Es gibt sehr ordentliche sanitäre Einrichtungen, auch einen Münzwaschsalon, ein Hallenschwimmbad, ein sehr gutes Zubehörgeschäft. Man kann Diesel und Wasser bunkern, auch das Schiff aus dem Wasser nehmen lassen; und müssen Reparaturen am Schiff ausgeführt werden, so kann man über den Zubehörladen Monteure bestellen.

Außerdem gibt es einen großen Supermarkt, einen Bäcker, eine Bank sowie mehrere Restaurants. Was will man denn noch?

Zwei Dinge haben mich allerdings sehr gestört: einmal der unnötig barsche Umgangston des Hafenmeisters, und dann eine Unmenge von Verbotsschildern — offensichtlich treibt da eine Verwaltung ihr Unwesen, die Bootsfahrer und Badegäste für unmündige Kinder hält.

Der Hafen von

Burgstaaken

hat mit seinen gewaltigen grauen Silos überaus markante Landmarken, die man an sich bei diesem ebenfalls am Burger See gelegenen Hafen nicht brauchen würde; seine Ansteuerung ist dieselbe wie bei Burgtiefe, nur daß man, statt nach Osten abzubiegen, einfach im Tonnenstrich geradeaus weiterfährt. Ein Hafen, der alles hat: einen Ladehafen, einen Fischerhafen und einen Yachthafen.

Dank der Ringwerft ist der Service fürs Boot schlechthin optimal mit Schlipp, Travellerlift und einer Spezialmotorenwerkstatt. Nahe am Silo gibt es einen großen Zubehörladen.

Der beste Platz (schon we-

gen der sanitären Einrichtungen) ist der im Vergleich zu Burgtiefe allerdings kleine Yachthafen. Man darf aber auch in den Ladehafen. Von den Fischkuttern fahren nur wenige noch auf professionellen Fang, die meisten haben sich auf Angelfahrten für Touristen umgestellt.

Burgstaaken ist der Hafen der Stadt Burg, deren alter Hafen einst viel näher an der Stadt lag, dann aber immer mehr versandete, bis man 1867/70 den Hafen von Burgstaaken angelegt hat, in erster Linie als Ladeplatz für die Ausfuhr von Getreide.

Ob man nun in Burgtiefe oder in Burgstaaken liegt, beide eignen sich hervorragend als Ausgangspunkt für (Fahrrad-)Touren über die Insel. Fahrräder kann man in Burgtiefe wie auch in Burg selbst ausleihen.

Liegt man in Burgtiefe, so braucht man für die erste Sehenswürdigkeit, die *Burg Glambeck*, kein Fahrrad, denn sie liegt, allerdings ziemlich versteckt, hinter dem großen Supermarkt und dem Kurzentrum am Südstrand. Eigentlich ist es keine Burg mehr, sondern nur noch eine Ruine, die man 1908 freigelegt hat. Daß sie früher ein Seeräubernest gewesen sein soll, in dem sich auch Klaus Störtebeker aufgehalten hat, ist ein Märchen, auch wenn sie einmal von den Vitalienbrüdern erobert wurde. Die Burg ist im 13. Jahrhundert auf dieser strategisch gut geeigneten Landzunge erbaut worden, um Stadt und Hafen zu schützen. Sie war wechselweise Sitz des lübschen oder des dänischen Amtsmannes, das hing ganz davon ab, wem die Insel gerade gehörte. Im Dreißigjährigen Krieg wurde die Burg zerstört und danach nicht mehr aufgebaut.

Nicht nur von Burgtiefe oder dem Burger See aus, sondern von überall auf der Insel ist der breit-wuchtige Turm der Nikolai-Kirche von

Burg,

der Insel „hauptstadt", zu sehen. Das alte Landstädtchen ist wirklich das Zentrum der

Insel, nicht nur optisch, sondern ihr wirklicher, lebendiger Mittelpunkt. Besonders im Sommer, wenn sich Hunderte, ja Tausende von Touristen hindurchschieben, die hierher zum Einkaufen kommen. Einem langgestreckten Marktplatz gleichend zieht sich die Hauptstraße durch das altertümliche Burg, eine kopfsteingepflasterte Straße, flankiert von mächtigen Ulmen und Linden, in deren Schatten sich behäbig-solide Bürgerhäuser ducken.

Am Ende dieser Hauptstraße steht die schon erwähnte, dem Schutzheiligen der Seefahrer geweihte Nikolai-Kirche. Im Kern geht sie wohl auf das Jahr 1230 zurück, baustilistisch kann man sie zwischen Romanik und Gotik ansiedeln: ein düsterschweres, die grüne Insel beherrschendes Bauwerk.

Gleich neben der Kirche ein schmuckes Fachwerkhaus, in dem das Peter-Wiepert-Museum untergebracht ist, das Heimatmuseum von Fehmarn, benannt nach einem Einheimischen, der sich um den Aufbau dieses Museums verdient gemacht hat. Man sollte es ruhig besuchen, zumal es im ersten Stock eine sehenswerte Schiffahrtsausstellung hat.

Was man sich dann auf der Insel noch ansehen sollte, ist das im Westen der Insel gelegene *Vogelschutzgebiet Wallnau*. Auf dem Weg dorthin kommt man durch das Dorf *Landkirchen*, das die wohl schönste Kirche auf Fehmarn hat, wo, wie so oft in Ostholstein, der hölzerne Kirchturm neben der äußerlich einfachen Kirche steht, die aber innen auf das prächtigste ausgestattet ist.

Das *Vogelschutzgebiet Wallnau* erstreckt sich um den *Koppelndorfer See;* es ist ein wahres Paradies mit seinen Seen, Sümpfen, Schilffeldern, Wäldchen und Gehölzen. Angeblich brüten und nisten hier 60 verschiedene Vogelarten. Es sind eigens Laufgräben und Auguckstellen errichtet, um die Vögel beobachten zu können, ohne daß man sie stört.

Was einem während einer Tour über die Insel auffällt:

die erstaunlich großen Bauernhöfe. Sie sind typisch für Fehmarn; denn es gab hier, anders als drüben in Ostholstein, nie einen beherrschenden Adel (deshalb auch keine Schlösser), sondern immer nur freie, wohlhabende Bauern.

Zurück nach Burg nimmt man am besten den Weg entlang der *Orther Bucht*. Man kann sich dann auch schon mal die beiden Häfen ansehen, die wir als nächstes anlaufen wollen: *Orth* und *Lemkenhafen*. Der Weg führt immer am Wasser entlang, manchmal oben auf dem Schutzdeich. Man kommt am Leuchtturm von *Strukkamphuk* vorbei und fährt zum Schluß unter einer schattigen Pappelallee wieder hinein nach Burg.

Will man keinen einzigen Hafen von Fehmarn auslassen, so könnte man auch den *Hafen der Beelitz-Werft* ansteuern. Ansonsten wird man es wohl nur tun, wenn man am Boot eine Reparatur auszuführen hat; dafür ist er allerdings sehr gut geeignet. Der kleine, etwas enge Hafen liegt dicht östlich der Sundbrücke.

Die gut drei Seemeilen breite und fast zwei Seemeilen tief ins Land einschneidende *Orther Bucht* ist nicht nur sehr flach, sondern auch voller Steine. Landschaftlich ist sie überaus schön. Man hat einen weiten Blick auf den Sund und hinüber nach Heiligenhafen.

Im westlichen Fehmarnsund angelangt, sollte man zuerst die *g.s. Tonne Breiter Bang S* fassen, und von da dann mit Kurs NNE auf das hohe, weiße Silo von *Orth* zuhalten; man kommt damit zwangsläufig zu dem Tonnenstrich mit der grünen *Ansteuerungstonne Orth 1*, wo man sich nun entscheiden muß, ob man nach Orth laufen will oder nach Lemkenhafen. Nach

Orth

führt ein Tonnenstrich, in dem man sich wegen der Flachs, vor allem wegen der Steine, auch exakt halten muß.

Der Hafen von Orth ist ein

langer, enger Hafenschlauch. An seiner Ostseite steht das Silo. Alte Bahngleise verraten einem, daß es einst ein richtiger Verladehafen war. Inzwischen aber ist er fast nur noch von Sportbooten belegt, auch voll darauf eingestellt. So wurden unlängst erst 70 neue Liegeplätze geschaffen. Man liegt sehr gut, auch gemütlich, obwohl der Ort an sich nichts Besonderes an sich hat. Die sanitären Einrichtungen sind ausgezeichnet.

Zu dem schon beschriebenen *Vogelschutzgebiet Wallnau* hat man es von hier nicht weit, ebenso zu der eigenartigen Halbinsel *Krummsteert*. Will man nach

Lemkenhafen,

so sollte man ab der *grünen Tonne Orth 1* mit einem sauberen, geraden Kurs auf die etwa eine drei Viertel Seemeile entfernte *r.w. Ansteuerungstonne Lemkenhafen* zu laufen, von der aus eine etwa 2,5 m tiefe, mit Stangen markierte, ziemlich enge Fahrrinne zum Hafen führt.

Der Hafen besteht aus zwei voneinander getrennten Becken. Nach Möglichkeit sollte man in das innere fahren, das mitten im Dorf liegt; es ist allerdings ziemlich verwinkelt und für sehr große Boote nicht das Wahre.

An dem sehr geschlossen wirkenden Dorfhafen findet man ein paar recht gute Restaurants. Die Versorgung ist ordentlich; es gibt das übliche.

Ein gemütlicher, im Sommer allerdings gedrängt voller Hafen.

Lemkenhafen liegt recht hübsch am Scheitel der Orther Bucht. Bis 1510 hatte der Ort sogar Stadtrechte und lebte — auf Fehmarn eigentlich untypisch — von der Seefahrt. Reiche Bauern hatten hier eigene Schuppen, in denen sie ihr Getreide lagerten, bis es geladen und abgefahren werden konnte.

Sehenswert ist die alte Windsegelmühle, in der jetzt ein kleines landwirtschaftliches Museum eingerichtet ist.

Nach Lemkenhafen, wie auch nach Orth, kommen an

den Sommerwochenenden viele Windsurfer, denn die flache, weite Bucht ist als Surfrevier offensichtlich bestens geeignet.

Leider hat die *Orther Bucht* kaum gute Ankerplätze, die niedrigen Ufer bieten wenig Schutz, und der Grund eignet sich wegen der vielen Steine auch nicht sonderlich gut zum Ankern. Einen Platz könnte man empfehlen, aber auch nur bei gutem Wetter: etwa 300 m in SSE vor der grünen Ansteuerungstonne Orth 1.

Nautische Unterlagen: Will man nach DHI-Karten fahren, so braucht man für diesen Törn mindestens zwei: Nr. 30 D, „Kieler Bucht", die auch die Ansteuerung von Heiligenhafen enthält, und Nr. 31, „Gewässer um Fehmarn"; eventuell auch Nr. 43, „Gabelsflach bis Heiligenhafen", aber nur wegen der Detailkarte „Orther Bucht".
Benutzt man lieber die „Sportschiffahrtskarten", so benötigt man aus dem Satz „Kieler Bucht/Rund Fünen" die Nr. S 1, „Kieler Bucht", und aus dem Satz „Lübecker Bucht bis Bornholm/Südlich Seeland-Kopenhagen" die Karte S 13, „Fehmarn".
Leuchtfeuerverzeichnis 2101, Teil II, „Ostsee, südwestlicher Teil, und Gewässer zwischen Ost- und Nordsee".

5

Von Fehmarn nach Lübeck

BÄDER · BUCHTEN BUNTE SEGEL

Travemünde, größtes und elegantestes aller Ostseebäder. Das 118 m hohe Hotel Maritim ist nicht nur eine weithin sichtbare Landmarke, es trägt auch das Leuchtfeuer Travemünde.

1 Die Einfahrt in den Großenbroder Binnensee. Man er-
kennt deutlich die abgesackte
Mole, die dicht unter der
Wasseroberfläche liegt:
ein übles Hindernis, wenn
man zu früh in die Einfahrt
eindreht.

2 Einträchtig liegen die beiden Häfen hinter der Mole,
links der des Yachtclubs
Großenbrode, rechts die
Dehler Marina.

3 Grömitz: ein feiner Yachthafen neben dem beliebten
Ostseebad.

4 Dahmeshöved mit seinem
28 m hohen Leuchtturm liegt
ziemlich genau auf halbem
Wege zwischen Travemünde
und Staberhuk.

1 Wie ein Kranz umrahmt der Schilfgürtel das kleine Becken des Neustädter Segelvereins. Ein feiner, idyllischer Hafen, doch muß man schon viel Glück haben, wenn man hier einen freien Platz finden will.

2 und 4 Schöne Liegeplätze an der Ostseite des Neustädter Hafens.

3 Der Stadthafen von Neustadt. Eine Schiffbauerstadt mit großer Tradition. 1872 zerstörte ein Brand die alte Stadt zu zwei Dritteln.

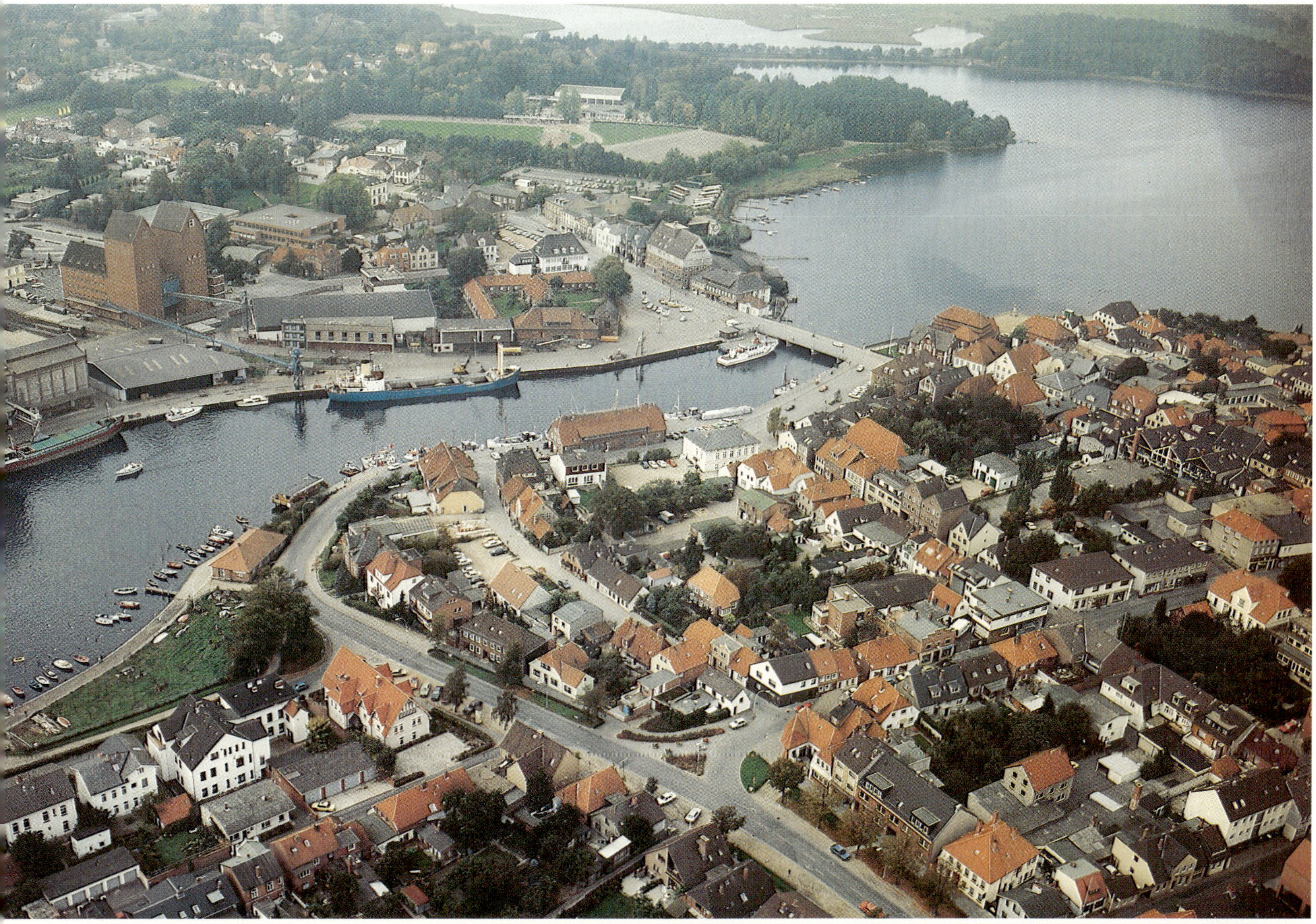

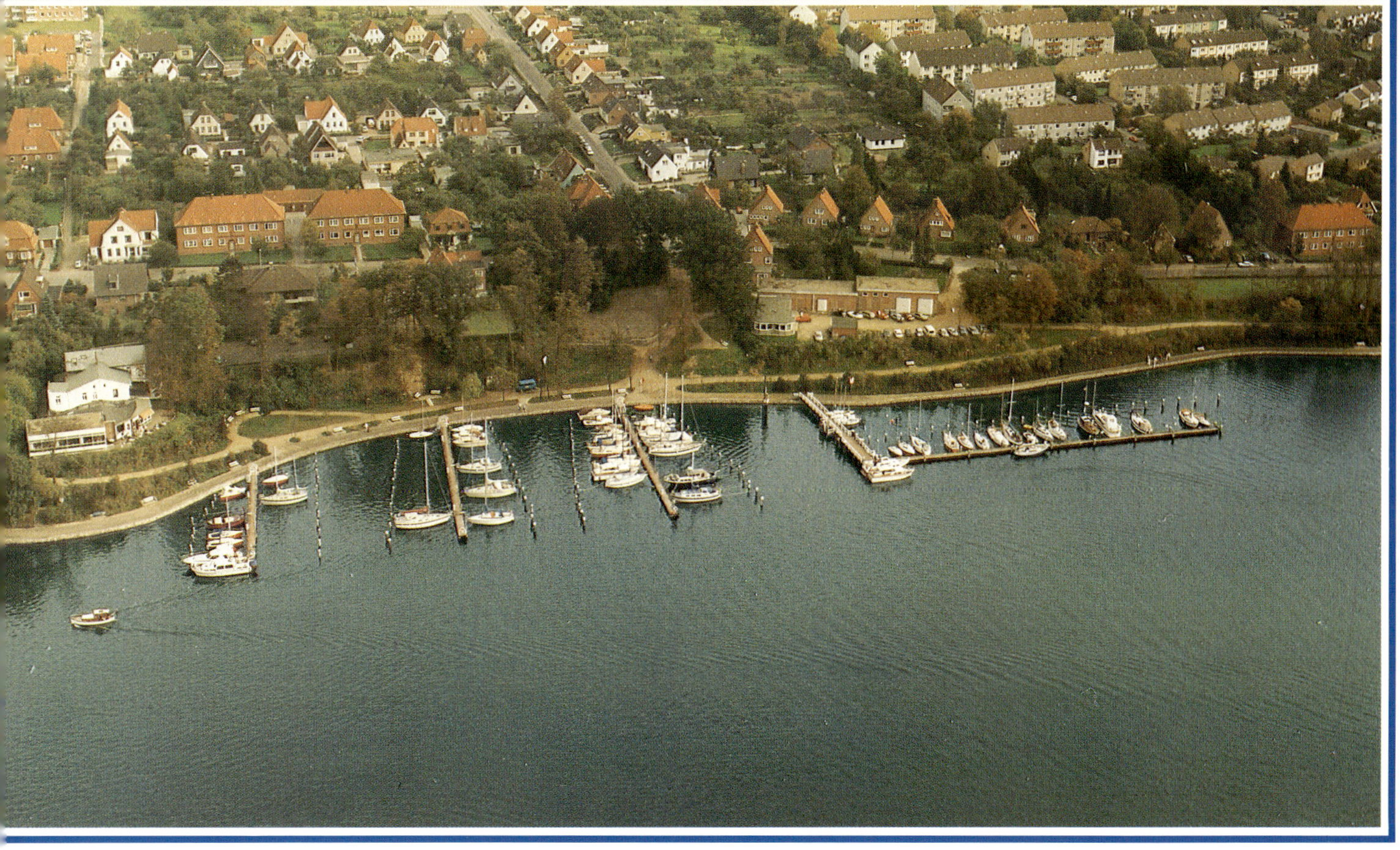

1 *Die Ancora Marina, ein riesiger, perfekter Bootshafen an der Einfahrt nach Neustadt. Rechts davon der Hafen der Kunya Werft.*

2 *Niendorf, gemütlicher, doch sehr kleiner Hafen bei den Seebädern Niendorf und Timmendorfer Strand. Links von der Einfahrt das winzige Becken des Niendorfer Yachtclubs. Daneben die Stege der Evers-Werft, an denen man unter Umständen auch liegen kann.*

3 *Die Einsteuerung von Travemünde: Kommen die großen Skandinavien-Fähren, wird es hier ziemlich eng. Der breite Sandstrand vorne links endet bald am Stacheldraht der DDR-Grenze.*

4 *Der Passathafen, so benannt nach dem Rahsegler „Passat", der hier für immer vor Anker gegangen ist. Der Hafenmeister hat sein Büro in dem mittleren Gebäude. Nach Travemünde kommt man rasch mit der Fähre. Der große Campingplatz ist vom Hafen aus nicht zu sehen, stört auch nicht.*

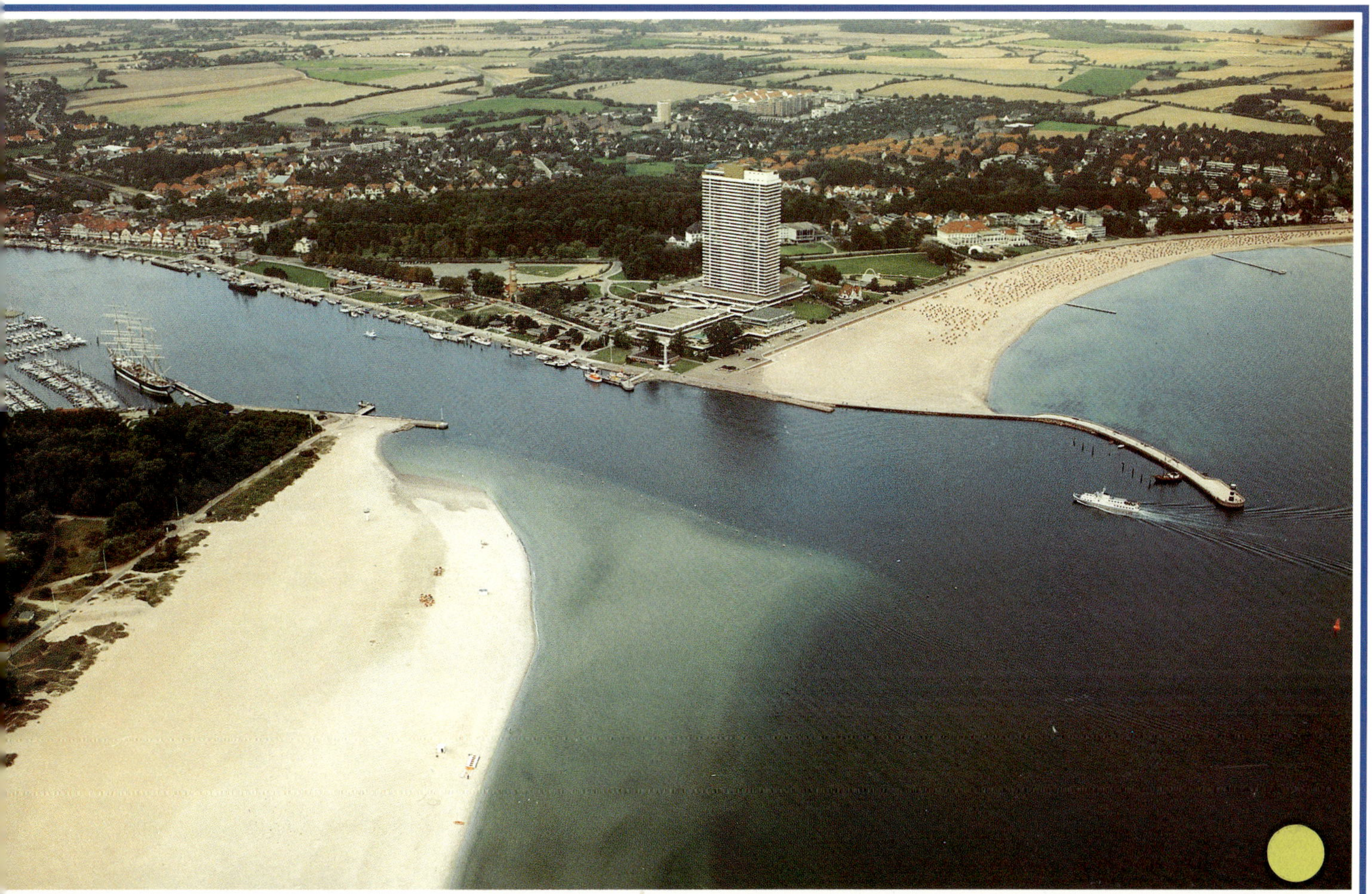

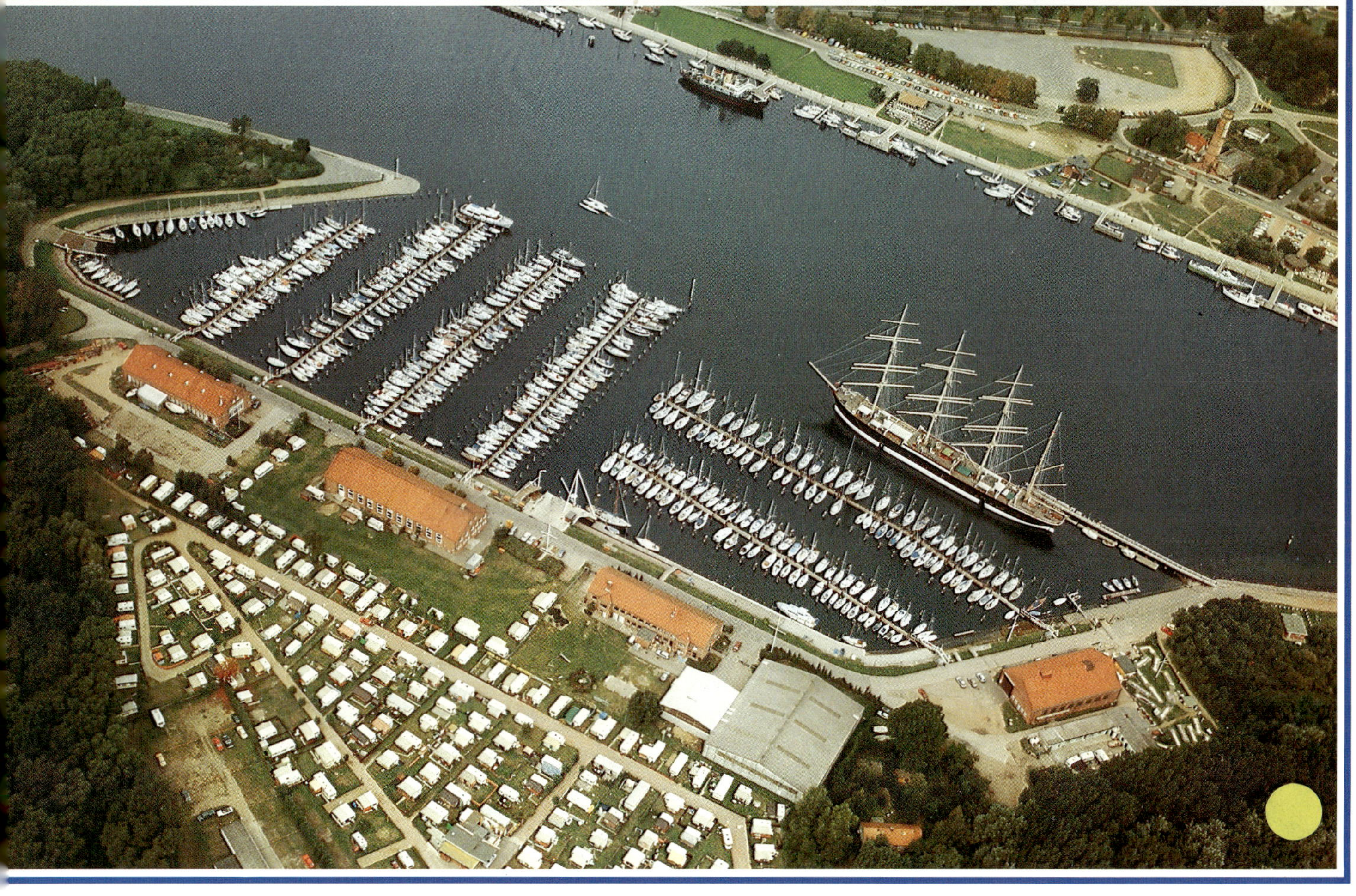

1

2

1 In den Travemünder Fischerhafen sollten nur sehr große Yachten.

2 Gleich daneben, die Marinas in der Siechenbucht. Links und rechts die Stege der Marina Baltica, in der Mitte die der Böbswerft. Service überall vorzüglich.

3 Steg der Bootswerft Staack, Untertrave, neben dem großen Kraftwerk nahe Herrenwyk.

4 Häfen am Stau. Vorne die Marina am Stau, am Scheitel der Bucht der Seglerverein Trave und rechts die Brücke des Seglervereins Siems. Im Hintergrund die Herrenbrücke, die geöffnet werden kann, aber mit ihrer Durchfahrtshöhe von 21 m für die meisten Boote auch geschlossen kein Hindernis sein dürfte.

1 *Herreninsel und Stau. Zwei kleine Häfen: links Segler-verein Siems, rechts der Motorboothafen Quandt. Beide sind eher etwas für kleinere Boote.*

2 *Auf der anderen Seite der Herreninsel: der Sporthafen Katte-gat. Sehr geschützt und trotz des Autover-kehrs auch ruhig, doch die Industrie am anderen Ufer bietet einen wenig schönen Anblick.*

3 *Steg des Segelver-eins Schlutup. Die DDR-Grenze liegt ganz nahe.*

4 und 5 *Teerhof-Insel: Häfen, Häfen, Häfen am toten Arm der Trave. Wegen des Straßendamms kann man nicht ganz um die Insel herumfah-ren. Wer in den öst-lichen Teil will, darf keinen zu hohen Mast haben, denn darüber zieht sich in 14,8 m Höhe eine Hochspan-nungsleitung. Auto-bahn und Eisenbahn stören weniger als man annehmen könnte.*

1 und 2 *Nochmals Teerhofinsel, der westliche Arm, mit einer Bootswerft vorne (1) und dem Nord-Ost-Yachthafen (2).*

3 *Lübeck. Das Holstentor, zwischen 1466 und 1478 erbaut. Es beherbergt das Museum für Stadtgeschichte. Die schönen alten Speicher stehen an der Stadttrave.*

Ziel dieses Törns soll Lübeck sein, die Königin der Hanse. Wir segeln durch die breite und tiefe Mecklenburger Bucht, halten uns aber immer mehr zum Westufer hin, denn das Ostufer gehört zur DDR. Wir passieren mit Großenbrode und Grömitz zwei sehr gute Yachthäfen und besuchen Neustadt, eine alte, traditionsreiche Hafen- und Schiffbauerstadt. Danach steuern wir Travemünde an und legen unser Boot in den Seglerhafen neben dem alten Rahsegler „Passat". Ob man auf der Trave mit dem Boot nach Lübeck fahren soll oder nicht, mag jeder selbst entscheiden. Teils eine sehr schöne Fahrt, teils aber auch nur Industrie an den Ufern. Wie auch immer: Lübeck werden wir einen Besuch abstatten, der siebentürmigen Stadt zwischen Trave und Wakenitz. Einst die Königin der Hanse, auch wenn das schon 400 Jahre her ist: Lübeck ist ein Juwel, eine gotische Stadt aus dem Mittelalter, ein Kulturdenkmal allererstens Ranges.

Mecklenburger Bucht

heißt das weiträumige Gewässer, das sich von Travemünde aus nordostwärts bis zu den dänischen Inseln *Lolland* und *Falster* erstreckt. Flankiert wird es von *Ostholstein* sowie *Fehmarn* auf der einen und von *Mecklenburg* auf der anderen Seite. Dort, wo sich das breite Gewässer auf *Travemünde* zu trichterförmig verengt, heißt es *Lübecker Bucht*.

Von ihrer Weiträumigkeit einmal abgesehen, stellt einen die Mecklenburger Bucht nicht vor besondere Probleme. Es gibt weder Flachs noch andere Schiffahrtshindernisse; der Landgrund steigt überall steil an, und hält man sich immer etwa eine halbe Seemeile vom Ufer fern, so hat man nichts zu befürchten, auch die vielen Steine nicht, die so tief liegen, daß sie für eine Yacht nicht gefährlich werden können.

Den Strom kann man vernachlässigen: Er ist im allgemeinen sehr gering — außer bei stürmischen Winden, aber da wird man sowieso möglichst nicht unterwegs sein — und setzt immer mit der Richtung des Windes.

Die Probleme liegen nicht bei den natürlichen, sondern bei den politischen Verhältnissen: Der südliche Teil der *Mecklenburger* Bucht wird begrenzt von der *DDR;* man muß also aufpassen, daß man nicht unversehens in ihre Hoheitsgewässer hineinfährt. Früher hatte das üble Folgen, denn ohne viel Federlesens wurden Boote, denen das passierte, aufgebracht, in einen DDR-Hafen geschleppt und mit hohen Strafen belegt. Das hat sich im Zuge der Normalisierung der Beziehungen zwischen den beiden deutschen Staaten geändert: Wenn man einen solchen Grenzzwischenfall nicht gerade provoziert, werden es die DDR-Küstenwachboote dabei belassen, einen aus ihrem Hoheitsgewässer höflich, aber bestimmt hinauszukomplimentieren. Dennoch sollte man nicht leichtsinnig sein und gleich abdrehen, sobald man

einer der gelben Grenztonnen ansichtig wird.

Die Mecklenburger Bucht eignet sich vorzüglich zu einem Törn der weiten Schläge; von *Travemünde* nach *Dahmeshöved* sind es 16 Seemeilen, nach *Staberhuk* auf Fehmarn weitere 15, und von da nach Gedser nochmals 24 Meilen, womit man dann auch schon in Dänemark wäre. Das ließe sich dank der weittragenden Feuer von Dahmeshöved und Staberhuk auch gut in einer Nachtfahrt schaffen; nur sollte man es möglichst so einrichten, daß man vor Gedser bei Tageslicht ankommt (siehe Jan Werner, „Segeln in Dänemark", Bd. II).

Ob man den nur vier Seemeilen vom Fehmarnsund entfernten

Großenbroder Binnensee

anlaufen wird, hängt wohl in erster Linie vom Wetter ab; denn zum nächsten Hafen, nach Grömitz, sind es lange 16 Seemeilen. Großenbrode mit seinen drei weißen Hochhäusern ist zwar gut auszumachen, seine Ansteuerung allerdings nicht ganz einfach.

Vom Großenbroder Binnensee fuhren früher die großen Fähren ab. Seit das von Puttgarden aus geschieht, verfällt der alte Fährhafen zusehends. Überall muß man auf Trümmer und Pfahlreste gefaßt sein. So ragt von der Außenmole ein zerstörter Ausläufer *unter* Wasser 300 m weit hinaus. Um hier keine böse Überraschung zu erleben, muß man unbedingt zuerst die *grüne Tonne Großenbrode 1* fassen und von dort aus exakt im Tonnenstrich in den Binnensee hineinlaufen, in dessen Nordwestecke zwei recht gute Bootshäfen liegen, der des Yachtclubs Großenbrode (linker Hand der breiten Mittelmole) und daneben die Dehler Marina.

In der Anfahrt zum alten Fähranleger sind die Wassertiefen beträchtlich, im See allerdings betragen sie nur noch 2,5 m, und das auch nicht überall.

Gerade in der Ansteuerun der Häfen, von der *rote Spiere 8* aus, liegt auf halber Weg ein Stein nur zwei Mete unter der Wasseroberfläche Auch in den beiden Häfe sind die Wassertiefen sehr ur terschiedlich. Man sollte sic deshalb ganz genau den Ha fenplan (etwa die Insets B un C in der Seekarte Nr. 36) anse hen. Es sind zwei recht gute gemütliche Häfen, die sic durch eine ordentliche Verso gung auszeichnen.

Von *Großenbrode* aus süc wärts laufend, kann man sic immer gut dicht unter Lan halten. Die anfänglich so ei drucksvolle Kliffküste wir dann auf das *Seebad Dahme* zu ganz flach; und überall lie gen mehr oder minder groß Campingplätze.

Sobald man den *Leuch turm von Dahmeshöve* querab hat (28 m hoch, rot mi weißem Band, Blz.(3)-12s sieht man voraus schon da schicke Seebad

Grömitz,

an dem man vorbeifährt bis z seinem südlichen Ende, w der relativ neue, einer Marin ähnliche Yachthafen mit se nen wuchtigen Steinmole liegt. Die Hafeneinfahrt öf net sich nach Südwest. Im gr ßen, viereckigen Becken, da zirka 500 Yachten Platz biete kann man sich an einem de zehn Stege auf etwa 2,5 r Wassertiefe einen freien Plat suchen (grünes Schild).

Die Versorgung ist rundu gut; unter anderem gibt es d rekt an diesem großen, j großzügigen Hafen einen kle nen Supermarkt.

Zum feinen Strand vo Grömitz, einem der bede tendsten Ostseebäder, sind e nur wenige Schritte. Grömit bisticht weniger durch Se henswürdigkeiten als durc seine fröhliche, ganz auf da Strandleben orientierte U laubsatmosphäre.

Der Ort gehörte einst z dem nahegelegenen Benedil tiner-Kloster *Cismar*, das 123 von Lübeck hierher verleg wurde, weil der Rat der Stac dem wenig frommen Treibe der Mönche nicht länger zuse hen wollte. Cismar entwi kelte sich zu einem mächtigen Kloster, einem Sitz von Kunst und Wissenschaft, und trug viel zur Entwicklung dieses damals wilden Landstriches bei. 1560 wurde es aufgelassen und zum größten Teil zerstört. Was übrigblieb, sind der gotische Chor der Klosterkirche und der ebenfalls gotische Brunnenraum über der Heilquelle; auch kann man noch Wälle der Verteidigungsanlagen sehen.

Die nächsten gut vier Seemeilen bis hin zum *Leuchtturm Pelzerhaken* (19 m hoch, rot, Blk.(2)w/r/gn. −20s) sind wenig aufregend; viele Campingplätze und dahinter die hügelige Landschaft Ostholsteins.

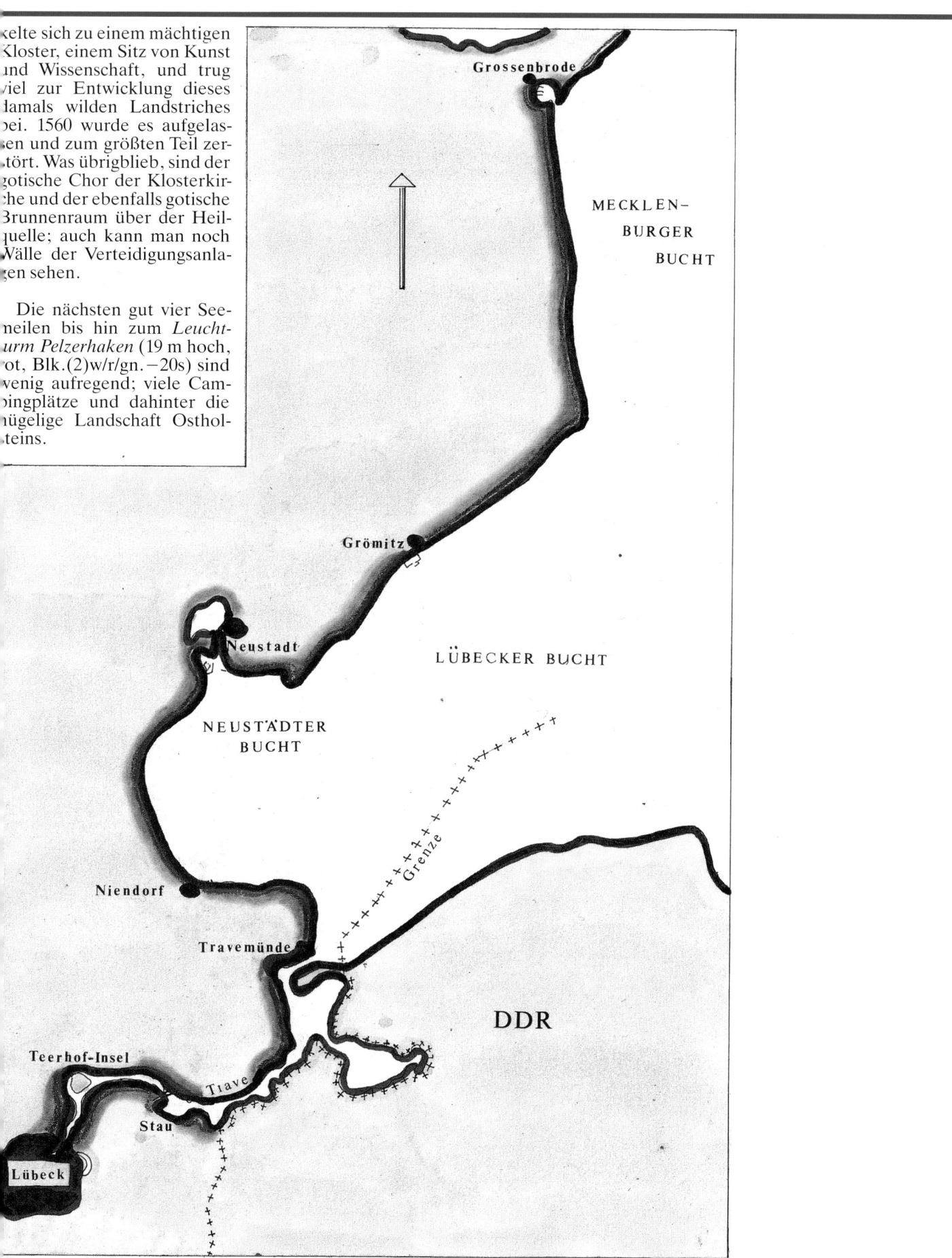

Vor *Pelzerhaken* ragt eine große Sandbank ziemlich weit seewärts, so daß es nicht falsch ist, die weit davor liegende *g.s. Tonne Pelzerhaken S* zu beachten.

Anders als die anderen Orte an der *Lübecker* und *Neustädter Bucht* ist

Neustadt

mit seinen 15 000 Einwohnern zuallererst eine Hafen- und Gewerbestadt. Getreide und Baustoffe werden ausgeführt. In dem sehr großen Hafen liegen Boote der Bundesmarine und des Bundesgrenzschutzes.

Kommt man von Pelzerhaken her, so läuft man mit Kurs W genau auf die Fahrrinne, wenn auch nicht auf die *r.w. Ansteuerungstonne Neustadt*, sondern auf das *Tonnenpaar grün 3/rot 4* zu, was aber vollauf reicht, denn man hat hier immer noch genug Wasser. Danach geht es im Tonnenstrich weiter auf den Hafen zu. Bei der *roten Tonne Nr. 10/ Wiek 2* muß man sich entscheiden, ob man nordwestwärts und damit zu den beiden großen Yachthäfen will oder sich rechts hält, um in den alten Hafen von Neustadt einzulaufen.

Entscheidet man sich für die beiden Marinas, so findet man beim Becken der *Kunya Werft* und noch mehr in der *Ancora Marina* perfekte Häfen mit einem ebenso perfekten Service vor. In der sehr großen Ancora Marina hat man im Gegensatz zu dem etwas eingekesselt wirkenden Kunya-Hafen auch einen weiten, freien Blick über die Ostsee. Wichtig ist beim Anlaufen beider Häfen, daß man sich sauber im Tonnenstrich hält; im letzten Teil der Anfahrt wird es dicht neben der Fahrrinne sehr, sehr flach. Leider hat man von hier einen etwas weiten, umständlichen Weg in die Stadt.

Beim Ansteuern des *Stadthafens* passiert man an dessen Einfahrt den sicher schönsten Liegeplatz in Neustadt, das fast kreisrunde, überaus hübsch gelegene Becken des *Neustädter Seglervereins;* in diesem kleinen Hafen findet sich allerdings nur selten ein freier Platz, so daß einem gar nichts anderes übrig bleibt, als in den Stadthafen zu fahren, wo vor dem Steilufer, an seiner östlichen Seite, mehrere Stege liegen. Die Versorgung kann mit der in den Marinas am Westufer zwar nicht mithalten, aber Duschen und WCs gibt es hier auch, und zur Stadt sind es nur ein paar Minuten.

Leider ist von dem sehr alten Neustadt wenig mehr übrig, nachdem ein großer Brand die Stadt 1872 zu zwei Dritteln zerstört hat. Auffallendstes Gebäude ist das Kremper Tor mit seinem Treppengiebel. Neustadt erhielt 1244 die Stadtrechte, von dem gleichen Grafen Adolf IV. von Schaumburg, der fast alle Städte in Ostholstein gegründet hat. Die Stadt − damals hieß sie „Nighestadt" − lag auf einer Halbinsel zwischen dem *Binnenwasser* und der Ostsee und war, nachdem man einen Wassergraben angelegt hatte, vollständig von Wasser umgeben. Große Tradition hat hier der Schiffbau: Auf einer Neustädter Werft wurde 1649 für den dänischen König eines der größten Schiffe seiner Zeit gebaut, die „Frederik III.", die 500 Mann Besatzung hatte und mit 100 Kanonen bestückt war.

Noch Mitte des vorigen Jahrhunderts waren in Neustadt 23 Segelschiffe beheimatet. Von dieser Zeit ist nicht viel übriggeblieben; doch hat der Hafen immer noch eine gute, dichte Atmosphäre, auch wenn die Schiffahrt nicht mehr die ganz große Rolle spielt.

Am Hafen steht einer der seltenen Pagodenspeicher, wo das Korn nicht nur gelagert, sondern dank seiner vielen Luken gleichzeitig getrocknet werden konnte.

In der sanft nach Westen ausschwingenden *Neustädter Bucht* liegen wie aufgereiht mehrere bekannte Seebäder: *Sierksdorf, Haffkrug, Scharbeutz, Timmendorfer Strand, Niendorf* und als Höhepunkt *Travemünde*. Überall stehen auch diese großen weißen Hotel- und Apartmenthäuser, die von ferne und vor den dunklen Buchenwäldern so übel gar nicht aussehen. Wil man jetzt nicht gleich und di rekt nach Travemünde, so könnte man noch einen klei nen Hafen anlaufen:

Niendorf,

der sowohl Fischer- wie Werft und Yachthafen ist und den noch nicht viel Platz hat; ganz abgesehen davon, daß man ihn bei stärkerem auflandiger Wind − als Ortsfremder je denfalls − überhaupt nich anlaufen sollte, denn die An steuerung ist nicht ganz ein fach. Bei Starkwind aus Ost und vor allem Nord, steh darin eine ausgesprocher grobe See.

Landmarken gibt es zwa genug, aber keine ist darun ter, die unverwechselbar und eindeutig zu beschreiber wäre. Doch da man den Ha fen eigentlich nur bei guten Wetter anlaufen sollte, ist e wiederum auch nicht zu schwer. Man muß nur die *rot Leuchttonne Niendorf 2*, di gleichzeitig die Ansteuerungs tonne ist, anliegen und da nach sehr vorsichtig auf de Hafen zulaufen, denn di dem Hafen vorgelagert Sandbank verändert imme mal wieder ihre Lage.

Sehr gemütlich ist da kleine, rechts von de Einfahrt gelegene Becke des *Niendorfer Yachtclubs* Kommt man hier nicht unter kann man es an den Steger vor der *Evers-Werft* ver suchen.

Und ist auch hier kei Platz, bleibt als letzte und schlechteste, weil unruhigst Möglichkeit der Fischerha fen. Klappt dies alles nicht womit in den Urlaubswoche zu rechnen ist, dann fährt ma eben weiter nach *Trave münde*. Doch hoffen wir ers einmal auf einen Liegeplatz i Niendorf.

Die Versorgung ist hier ins gesamt recht gut. Reparatu ren bei der Everswerft. An Scheitel des Fischerhafen eine Bunkerstation.

Niendorf ist ein eher fam liäres, nicht gerade elegante Seebad, das sich an der Straße nach Timmendorf entlan zieht. Es geht unmerklich i das Seebad *Timmendorfe*

...trand über, einen sehr lebendigen Ort, der locker in einen großen Kiefernwald hineingebaut ist. Hier stehen die beiden großen weißen Maritim-Hotels, das eine am Strand, das andere, ein Golfhotel, am Hang vor dem Buchenwald. Sehr lebendig, nichts für Leute, die ihre Ruhe haben wollen, aber attraktiv für Leute, die gern auch mal High-life am Strand erleben möchten.

Ein gutes Stündchen, mehr wird man für die sechs Seemeilen nach *Travemünde* wohl nicht brauchen; man fährt immer an dem schönen *Brodtener Steilufer* entlang, sollte ihm aber wegen der gewaltigen Steine, die davor liegen, nicht zu nahe kommen. Ein kurzer Törn und nicht schwierig, allenfalls eine Kaffeefahrt bei entsprechendem Wetter.

Doch auch von weiter her ist die Ansteuerung von *Travemünde* recht einfach, dank des mit seiner Höhe von 118 m im wahrsten Sinne des Wortes überragenden Hotels Maritim, auf das man eigentlich nur zuzuhalten braucht. Es hat trotz seiner Größe eine fast turmartige Form und ist daher mit den anderen weißen Hotels in der *Neustädter Bucht*, etwa denen von Sierksdorf oder Timmendorfer Strand, gar nicht zu verwechseln.

Hält man auf dieses Hotel zu, so kommt man in der sich trichterförmig verengenden *Lübecker Bucht* quasi automatisch nach

Travemünde

Nahe der Einfahrt orientiert man sich einfach an der *schwarz-weißen Leuchtbake,* die am Kopf der langgezogenen Nordmole steht, und schon ist man auch in der *Travemünder Enge,* dem Hafen. Nirgendwo in der Ansteuerung gibt es Untiefen oder sonstige Schiffahrtshindernisse. Nur die großen Skandinavien-Fähren, besonders die gigantische „Finnjet", sollte man im Auge behalten, und dann unbedingt auch auf die DDR-Grenze achten, die hier bis auf 400 m an die Fahrrinne

heranrückt. Was die großen Fähren betrifft, so ist zwar Vorsicht geboten, die ja immer den Seemann auszeichnet, zu übertreiben aber braucht man sie nicht. Zwar wirken die Fähren in der nur 100 Meter breiten Travemünder Enge beängstigend groß, aber sie manövrieren auch ausgesprochen vorsichtig; und selbst die „Finnjet" fährt in der Lübecker Bucht nicht schneller als die anderen Fähren und nimmt erst auf der Höhe von Gedser volle Fahrt auf.

Wichtig: Im Hafen von Travemünde muß man den Motor benutzen!

Es ist ein ungemein gutes Gefühl, in Travemünde einzulaufen: rechts das weiß leuchtende, altmodische Casino, links der schwarze Rahsegler, die „Passat", mit dem Seglerhafen dahinter, und voraus die malerische Altstadt in der Schleife der Trave.

Doch wo festmachen?

Unterhalb des Hotels Maritim, entlang der Trave-Promenade, gibt es mehrere Stege; hier, wo auch die Wasserschutzpolizei und der Lotse ihre Boote liegen haben, könnte man – vielleicht! – einen Platz finden, etwa vor dem Haus des *Lübecker Yachtclubs.* Doch wohl wird man sich hier nicht fühlen, einmal, weil es wegen des Schwells der vorbeiziehenden Schiffe sehr unruhig ist, dann aber auch, weil dicht am Boot ein nicht endenwollender Strom von Sommergästen vorbeiflaniert.

Besser man dreht ab, auf die andere Seite hin, um sich im *Passathafen* einen Liegeplatz zu suchen, läuft an allen Stegen vorbei und legt sich zunächst einmal an die Kaje linker Hand. Der Hafenmeister, bei dem man sich gleich melden sollte, wird einem einen festen Platz zuweisen. Daß man auf der „falschen" Seite von Travemünde, auf der Halbinsel *Priwall,* festgemacht hat, ist nicht weiter schlimm, denn zur „richtigen" tuckern ständig zwei Fähren hinüber. Man liegt hier recht stimmungsvoll im Windschatten der „Passat", ist etwas weg vom Trubel in Travemünde und hat dabei

noch einen schönen Blick über die Trave, auf die „Vorderreihe", die Häuserfront vor dem Hafen.

Die „Passat" kann man besichtigen. Sie ist eine große Attraktion, Schwesterschiff des Segelschulschiffs „Pamir", das am 21. September 1957 im Atlantik gesunken ist. Beide Schiffe gehörten der berühmten Hamburger P-Line an, beide waren auf der Salpeterfahrt nach Chile eingesetzt. Ich weiß nicht, ob der alte Mann noch lebt, der früher die Führungen auf der „Passat" gemacht hat: Er war einer der wenigen echten „Kap Horniers", die noch mit einem Frachtensegler Kap Hoorn gerundet haben.

Die sanitären Einrichtungen am „Passathafen" sind tipptopp; ansonsten hapert es hier ein wenig mit der Versorgung, doch daran fehlt es bei den anderen Bootshäfen nicht. Hier, auf dem Priwall, nur ein paar hundert Meter traveaufwärts, steht eine gut anzufahrende Aral-Bunkerstation.

Was nicht erlaubt ist: an einer der *Brücken* vor der „Vorderreihe" festzumachen, sei es die *Übersee-,* die *Kaiser-* oder die *Prinzenbrücke* oder auch der *Ostpreußenkai.* Sie alle sind für Ausflugsdampfer und Butterschiffe reserviert.

Man muß dann schon noch ein Stückchen traveaufwärts fahren bis zur *Siechenbucht,* wo es zwei große Yachthäfen und zur Not auch noch Liegeplätze im Fischerhafen gibt. Die Häfen der *Böbs-Werft* und der *Marina Baltica* sind sich ziemlich ähnlich: große Steganlagen mit einem ganz hervorragenden Service.

An sich sind in Travemünde genügend Liegeplätze vorhanden, so daß man schon irgendwo unterkommen wird, außer vielleicht in der letzten Juliwoche, wenn die berühmte *Travemünder Woche* anfängt, ein Regattaspektakel, das der Kieler Woche nur wenig nachsteht.

Travemünde, das ist, wie der Name schon sagt, zunächst nichts weiter als die Mündung der Trave, also des Flusses, an dem Lübeck liegt. Ursprünglich nur ein Fischerdorf, war es schon 1329 von

Lübeck käuflich erworben worden, das damit die Einfahrt in die Trave unter Kontrolle bekam, lebenswichtig für die von Handel und Seefahrt lebende Hansestadt.

Seit 1803 ist Travemünde Seebad, das drittälteste nach Norderney und Doberan. Doberan, wo ist das? Vor ein paar Jahrzehnten hätte das wohl niemand gefragt, denn da kannte jeder noch das schöne Seebad im nahen Mecklenburg.

Meiner Meinung nach ist Travemünde das mit Abstand eleganteste aller Ostseebäder. Doch die Stadt hat zwei Gesichter. Da ist einmal das elegante Travemünde, das um die Ecke herum hinter dem „Maritim" liegt, das mondäne Seebad, mit seiner Promenade, dem Kurpark, dem leuchtendweißen Casino und den kleinen, feinen Backsteinvillen. Und dann ist da noch das Travemünde am Hafen, mit der zwar malerischen „Vorderreihe", aber auch den riesigen Parkplätzen da, wo früher mächtige Kastanien standen, dem unerträglichen Autoverkehr, und den Buden, Kiosken und den Butterdampfern.

Wer etwas besonders Schönes erleben will, dem sei ein Spaziergang entlang dem *Brodtener Steilufer* nach Niendorf empfohlen: Man spaziert erst die Seepromenade entlang, kommt dann am Golfplatz vorbei, wandert durch Buchenwälder und hat immer an einer Seite die blaue Ostsee mit den weißen Bäderdampfern. Wer Lust hat, kann in dem feinen Golfhotel einkehren, oder im Café auf der Hermannshöhe, dem schönsten Aussichtsplatz von Travemünde überhaupt.

Daß es jede Menge Restaurants in Travemünde gibt, braucht nicht weiter ausgeführt zu werden, auch an Zerstreuungsmöglichkeiten mangelt es nicht (zum Beispiel das Riesenhallenbad am Maritim).

Vielleicht schaut man sich auch einmal den schönen alten Bahnhof an; denn mit dem Zug nach Lübeck zu fahren statt mit dem eigenen Boot hat vieles für sich. Es ist ein richtiger Bilderbuchbahn-

hof. John le Carré läßt in seinem Spionagethriller „Agent in eigener Sache" seinen Helden George Smiley auf eben diesem Bahnhof, den er liebevoll beschreibt, ankommen.

Auf dem *Priwall* kann man die deutsch-deutsche Wirklichkeit hautnah erleben. Man braucht nur durch die Sanddornwäldchen zu wandern, hin zum Strand, dann sieht man die stacheldrahtbewehrte Grenze mit dem Wachtturm, von dem aus einen Vopos mit dem Fernglas beobachten. Bedrückend der Gegensatz: hier noch fröhliches unbeschwertes Strandleben, und dort Menschenleere, soweit das Auge reicht.

Rund 20 Kilometer (oder 18 Seemeilen) wären es auf der *Untertrave* bis *Lübeck.* Anfangs eine auch landschaftlich sehr schöne Fahrt, vorbei an zwei großen Seen, der *Pötenitzer Wiek* und dem *Dassower See,* die beide einen Abstecher wert wären, wenn nur nicht die DDR-Grenze ständig entlang dem Ufer verliefe, so daß man nirgendwo an Land kommt.

Auch bis zur *Schlutuper Wiek,* einem anderen See, verläuft die DDR-Grenze am Ostufer der Untertrave. Ab hier etwa nimmt die Bebauung immer mehr zu, man fährt vorbei an Werften, Fabriken und dem gewaltigen Kraftwerk der NWK, alles am Nordufer, während das Südufer eher unberührt ist. Doch selbst bei geradezu idyllischen Flecken, etwa bei dem alten Fischerdorf *Gothmund* mit seinen Reetdachhäusern, hat man immer die Industrie des Nordufers vor Augen.

Es gibt, ab der Schlutuper Wiek bis fast hin nach Lübeck, eine Menge Bootshäfen, besonders an der *Teerhof-Insel,* die von einem toten Arm der Trave umflossen wird. Doch von überall hat man einen weiten, teils auch umständlichen Weg nach Lübeck, es sei denn, man würde auf der Untertrave direkt bis an die Stadt heranfahren und im *Burgtor-Hafen,* an der Ostseite, unmittelbar vor der *Hubbrücke,* festmachen, wo man der Altstadt zwar sehr nahe ist, aber in wenig angenehmer Umgebung liegt.

Alles bedenkend, halte ic[h] es doch für das beste, da[ß] Boot in Travemünde zu lasse[n] und entweder mit dem Bu[s] oder der Bahn nach

Lübeck

zu fahren, dessen einmalig[e] Stadtsilhouette mit ihren sie[ben] hohen, schlanken Tü[r]men man von sehr weit sehe[n] kann, manchmal sogar scho[n] von der Ostsee.

Wenn einem seefahrende[n] Zeitgenossen bei Lübeck nu[r] Marzipan einfällt, dann ist e[r] — mit Verlaub gesagt — ein a[r]ger Banause, obwohl gewi[ß] niemandem verwehrt sei[n] soll, sich in der Konditore[i] Niederegger die berühmt[e] Marzipantorte zu Gemüte z[u] führen. Nein, Lübeck, das is[t] — trotz Marzipan — imme[r] noch zuerst die Königin de[r] Hanse, auch wenn diese Her[r]lichkeit schon vor 400 Jahre[n] zu Ende gegangen ist.

Die Stadt wurde 1143 ge[ge]gründet und wurde 122[0] reichsunmittelbar, war als[o] von da an nur noch dem Kai[ser] ser untertan. Dank ihrer un[ge]mein günstigen Lage ent[wickelte sie sich binnen ku[rzem] zur ersten Handelsstad[t] des Ostseeraums und eben[so] auch zum Haupt der Hanse[,] obwohl dieser Name relati[v] spät auftaucht. Erstmals 135[8] ist in einer Urkunde von de[n] „Steden van der dudesche[n] Hanse" die Rede, doch d[a] war sie schon lange die beher[r]schende Handelsmacht i[m] Norden und Osten Europas[.] Ihr Einfluß reichte vom flan[dri]drischen Brügge bis zum russi[schen] schen Nowgorod, von Berge[n] in Norwegen bis nach Köl[n] am Rhein. Auf dem Höhe[punkt] punkt ihrer Macht konnt[e] ohne ihre Zustimmung nich[t] einmal der König des nahe[n] Dänemarks auf den Thron ge[langen] langen.

Verbindende Elemente de[r] an sich selbständigen Han[delsstädte waren das lübsch[e] Recht, das Niederdeutsch de[r] Lübecker Kanzlei, das zur all[gemeinen] gemeinen Verhandlungsspra[che] che der Hansen geworde[n] war, und die Hansetage, di[e] zumeist in Lübeck abgehalte[n] wurden.

Ganz entscheidend für de[n]

ufstieg Lübecks und der Hanse war die Hansekogge, das tüchtigste und am weitesten verbreitete Handelsschiff des Mittelalters: kein besonders schönes Schiff, hochbordig, bauchig und eher behäbig, aber sehr seetüchtig und als Transportschiff bestens geeignet.

Interessanterweise fällt der Niedergang der Hanse und damit auch Lübecks mit dem Aufkommen eines neuen Frachtschiffes zusammen, der holländischen Fluyte, die 1595 erstmals von Stapel gelaufen war, in Hoorn an der Zuiderzee (dem heutigen IJselmeer). Diese Fluyten waren nicht nur wesentlich schneller als die Hansekoggen, sondern konnten auch mit weniger Besatzung gesegelt werden, waren also auch das billigere Transportmittel.

Mit diesem geradezu revolutionär neuen Schiff stieg das kleine Holland zur ersten See- und Handelsmacht der Welt auf und verdrängte damit auch die Hanse aus ihren traditionellen Märkten an der Ostsee. Eine wichtige Rolle spielte daneben zweifellos die Entdeckung Amerikas und des Seewegs nach Indien; damit verlagerten sich die Welthandelsströme nun mehr nach Westen und Süden und weg von der Ostsee.

Die Hanse existierte zwar noch ein Jahrhundert weiter, Lübeck aber mußte seine führende Rolle als ihre erste Stadt an Hamburg und Danzig abtreten. Dennoch blieb es Freie Reichsstadt und damit ein eigenes „Land", eine Position, die ihm erst 1937 genommen wurde.

1942 wurde die alte Stadt in einem Luftangriff regelrecht zusammengebombt. Nach dem Kriege mußten an die 90000 Flüchtlinge aus dem Osten untergebracht werden. Es entstanden die Vorstädte, die sich wie ein Ring vor das alte Lübeck legten, das durch die Teilung Deutschlands in eine außerordentlich schädliche Randlage geraten ist; das ganze traditionelle Hinterland des Ostens war mit einem Schlag verlorengegangen. Lübeck, das im Mittelalter 25000 Einwohner zählte und damit zu den größten Städten Europas gehörte, hat heute 230000 Einwohner.

Die Altstadt ist mit Mühen und großen Kosten wieder aufgebaut worden; allein der Wiederaufbau der Marienkirche dauerte zwölf Jahre. Obwohl noch vieles zu tun bleibt, ist uns so eine mittelalterliche Handels- und Hafenstadt geschenkt worden, die durch ihre bauliche Geschlossenheit geradezu überwältigt: eine reiche gotische Stadt, geprägt von der Strenge der nordischen Backstein-Architektur.

Der Grundriß der alten Stadt ist in etwa ein Oval, geformt von der Trave und der Wakenitz. Die Altstadt liegt daher wie auf einer Insel, auf einem leicht ansteigenden, länglichen Hügel, dessen Kamm sich von Nord nach Süd hinzieht und dem auch die beiden Hauptstraßen folgen. Auf diesem Kamm wurden mit einem unnachahmlichen Sinn für Proportionen die Kirchen und der Marktplatz mit dem Rathaus gebaut. Auf dieser Stadtinsel, die nur knapp zwei Kilometer lang und einen guten Kilometer breit ist, drängt sich die Altstadt zusammen, eine wahre Schatzkammer.

Die baulichen Kostbarkeiten sind gar nicht alle aufzuzählen: St. Marien, der Dom, das Holstentor, das Rathaus, das Heiligengeist-Hospital, um nur einige zu nenen: wo fängt man an, wo soll man aufhören?

Zwei Sehenswürdigkeiten darf man keinesfalls auslassen: einmal das Buddenbrook-Haus in der Mengstraße, wo die Senatorenfamilie Mann von 1841 bis 1891 lebte, allerdings nicht Thomas Mann selbst, der nur hierherkam, den Großvater zu besuchen; und dann das hervorragende St. Annen-Museum (sakrale Kunst, Wohnkultur des alten Lübeck), das zu den schönsten deutschen Museen zählt.

Ich rate, sich im städtischen Verkehrsbüro am Markt Informationsmaterial zu besorgen und damit die Altstadt zu durchwandern.

Wer nicht nur gut, sondern auch in stilvoller Umgebung essen will, dem sei das historische Schabbelhaus in der Mengstraße oder das (nicht ganz so teure) Haus der Schiffergilde an der Breiten Straße empfohlen.

PS. Motorbootfahrer und flachgehende Segelboote mit gelegtem Mast können nicht nur durch Lübeck hindurchfahren, sondern über den Lübeck-Elbe-Kanal zur Elbe kommen (detailliert beschrieben in v. Heimburg, „Die Ostseeküste").

Wir sind am Ende unserer Revierbeschreibung und haben Ihnen, so hoffen wir, die Ostsee in neuem Licht aus ungewohnter Perspektive präsentieren können. Und zieht es Sie zu weiteren Entdeckungsreisen einmal fort vom Hafenrevier so vieler deutscher Fahrtensegler − Jan Werner und Helmut Jahn zeigen Ihnen in einem zweiten Band die deutschen Nordseehäfen aus der Luft, fotografiert im Sommer 1986.

Nautische Unterlagen: Als Übersegler die DHI-Karte Nr. 36, „Travemünde bis Gedser Odde", dazu: Nr. 31, „Gewässer um Fehmarn"; Nr. 35, „Neustädter Bucht"; Nr. 51, „Die Trave von Travemünde bis Große Holzwiek und Dassower See"; und − falls man mit dem Boot nach Lübeck wollte − Nr. 52, „Die Trave von Große Holzwiek bis Lübeck".
Bevorzugt man die Sportschiffahrtskarten, so benötigt man aus der Serie 2 „Lübecker Bucht bis Bornholm/Südlich Seeland/Kopenhagen" die Karten S 13, S 14 und S 15. Für die Trave bis Lübeck gibt es in diesem Satz keine Karte.
Leuchtfeuerverzeichnis 2101, Teil II, „Ostsee, südwestlicher Teil, und Gewässer zwischen Ost- und Nordsee".

Register

Von Jan Werner erschienen im Delius Klasing Verlag folgende Titel:

Holländische Häfen aus der Luft

Holland mit dem Boot

Segeln in Dänemark 1

Segeln in Dänemark 2

Norwegen

Ostseehäfen aus der Luft

Nordseehäfen aus der Luft

Luftaufnahmen freigegeben vom Regierungspräsidenten Münster unter den folgenden Nummern: 9715/87 6421.1-29/85, 6453.8/6-14/85, 6453.8/6-6/85, 6421.1-16/85 6421.1-15/85, 6421.1-20/85, 6427.3-6/85, 6427.3-22/85 6557.22/5-1/85, 6570.23/6-12/85, 6557.22/5-2/85 6570.23/6-2/85, 6458.9/4-5/85, 6490.9/6-17/85, 6575.24-35/85 6575.24-50/85, 6456A9/2.1/85, 6575.23-22/85, 6575.24-1/85 6575.24-13/85, 6421.1-29/85, 6422.2/21/85, 6457.8/10.2/85 6450.8/3-4/85, 6497.14/8-5/85, 6450.8/3-1/85 6552.21/4/85, 6490.14-4/85, 6429.2/3-1/85, 6422.2-18/85 6577.25-27/85, 6577.25-26/85, 6577.25-6/85

ISBN 3-7688-0587-5

© Copyright by Delius, Klasing & Co, Bielefeld
Lektorat: Ingeborg Eggert
Layout: Ekkehard Schonart
Herstellung: Hermann Ludewig
Printed in Germany 1987
Lithographie: Jahn-Repro-Scan, Bielefeld
Druck: Kunst- und Werbedruck, Bad Oeynhausen

Bücher für die Küstenfahrt

Kreuzersegeln

Informationen und praktische Hilfen für Segler, die auf einen Kajütkreuzer umsteigen wollen, von BOB BOND/STEVE SLEIGHT. 160 Seiten mit 424 z. T. farbigen Abb., gebunden DM 28,–

Praktische Seemannschaft in Bildern

Informativ und anschaulich führen die Autoren ROBBERT DAS und HARALD SCHWARZLOSE außergewöhnliche Themen und Probleme der praktischen Seemannschaft vor Augen. 272 Seiten mit 403 Zeichnungen, gebunden DM 48,–

Sicherheit und Technik auf Segelyachten

HANS DONAT gibt Empfehlungen und praktische Anleitungen, durch richtige Pflege und Wartung aller Technik an Bord die Sicherheit für Boot und Besatzung zu erhalten. 224 Seiten mit 197 zweifarbigen Abbildungen, gebunden DM 39,–

Bootsmanöver richtig und sicher gefahren

Anleitungen und Hilfen von DICK EVERITT und RODGER WITT für alle Möglichkeiten, sein Boot unter Segel oder Motor im Hafen den Gegebenheiten entsprechend zu bewegen. 144 Seiten mit 131 farbigen Abbildungen, gebunden DM 29,–

Knoten, Fancywork und Spleiße

Wichtige Gebrauchsknoten, die gebräuchlichsten Spleiße und eine Menge schöner Zierknoten, von FLORIS HIN/THEO KAMPA und JAAP HILLE. 128 Seiten mit 150 Farbfotos, gebunden DM 28,–

Kleine Kreuzer

Der ausführliche und anschauliche Ratgeber von HARALD SCHWARZLOSE, der auch noch Tips und Anregungen für erfahrene Segler bietet. 384 Seiten mit 130 Fotos und 97 Zeichnungen, gebunden DM 44,–

Die schnelle Fahrtenyacht

Ein Buch von PETER JOHNSON, das allen Anregungen und Ratschläge gibt in bezug auf Rumpf und Rigg, Segel, Decksausrüstung und Sicherheit, Einrichtung und Navigation, die auch als Fahrtensegler schnell und rationell segeln wollen. 142 Seiten mit 241 farbigen Abbildungen, gebunden DM 32,–

Sprechfunkzeugnisse für den Seefunkdienst

Ein Lehrbuch von GÜNTHER MÜLLER für das „Allgemeine Sprechfunkzeugnis für den Seefunkdienst" und das „Beschränkt Gültige Sprechfunkzeugnis für Ultrakurzwellen" mit Übungs- und Prüfungsfragen. 144 Seiten mit 24 Abbildungen, gebunden DM 29,80

So schmeckt's an Bord

Über 200 Rezepte für alle Mahlzeiten auf See und im Hafen, garniert mit nützlichen Tips für Einrichtung und Ausrüstung der Kombüse, serviert von HORST SCHARFENBERG. 208 Seiten mit 222 Rezepten, 13 Zeichnungen, gebunden DM 36,–

Richtig ankern

Alles, was es über Anker und die Praxis des Ankerns zu wissen gibt, aufgezeichnet von JOACHIM SCHULT. 216 Seiten mit 185 Zeichnungen, kartoniert DM 16,80

Hafenmanöver

BOBBY SCHENK zeigt Wege und Möglichkeiten, auch schwierige Manöver im Hafen unter Segel und Motor sicher zu meistern. 144 Seiten mit 109 Zeichnungen und 28 Fotos, kartoniert DM 15,80

Seemannschaft

Das seit Jahrzehnten bewährte und beliebte Standardwerk, das – immer wieder überarbeitet – sachlich und gründlich alle Bereiche des Yachtsports behandelt. 506 Seiten mit 452 Zeichnungen, 30 Fotos, 15 Tabellen und 1 Übungskarte, gebunden DM 68,–

Medizin an Bord

Ein ärztlicher Ratgeber für den Notfall, der auf keiner Yacht fehlen sollte, von Dr. med. KLAUS BANDTLOW. 128 Seiten mit 47 Zeichnungen, kartoniert DM 14,80

Navigation leicht gemacht

Einführung in die Küstennavigation von WALTER STEIN. 194 Seiten mit 24 Fotos und 108 Zeichnungen, kartoniert DM 16,80

Wolken und Wetter

Wetterbeurteilung mit Hilfe der Wolken. Eine Anleitung von ALAN WATTS. 64 Seiten mit 24 farbigen Wolkentafeln und 3 Zeichnungen, gebunden DM 14,80

Seglers Windfibel

Alles, was der Segler über seine Antriebsenergie, den Wind, wissen sollte, von ALAN WATTS. 96 Seiten mit 185 Zeichnungen, gebunden DM 14,80

Tafeln Seemannschaft

Leicht an Bord mitzuführen, geben die übersichtlichen Tafeln von HANS DONAT Antworten auf seemännische Fragen, die einem nicht gleich geläufig sind. 11 farbige Tafeln DIN A 5 in cellophanierter Ausführung, in Klarsichthülle DM 12,80

Signaltafeln für die Berufs- und Sportschiffahrt

Alle Tag- und Nachtsignale, alle Signale und Schallzeichen aller Verordnungen übersichtlich auf Tafeln zusammengestellt. 10 farbige Tafeln DIN A 5 in cellophanierter Ausführung, in Klarsichthülle DM 12,80

Viele andere Bücher beschäftigen sich neben diesen noch mit dem Segeln und auch mit dem Motorbootfahren. Verlangen Sie unser ausführliches Verzeichnis über Ihre Buchhandlung oder direkt vom Verlag (4800 Bielefeld 1, Postfach 4809).

Preisänderungen vorbehalten!

DELIUS KLASING VERLAG
BIELEFELD